Un film en question

Une Expérience américaine du chaos

Massacre à la tronçonneuse

de Tobe Hooper

par Jean-Baptiste Thoret

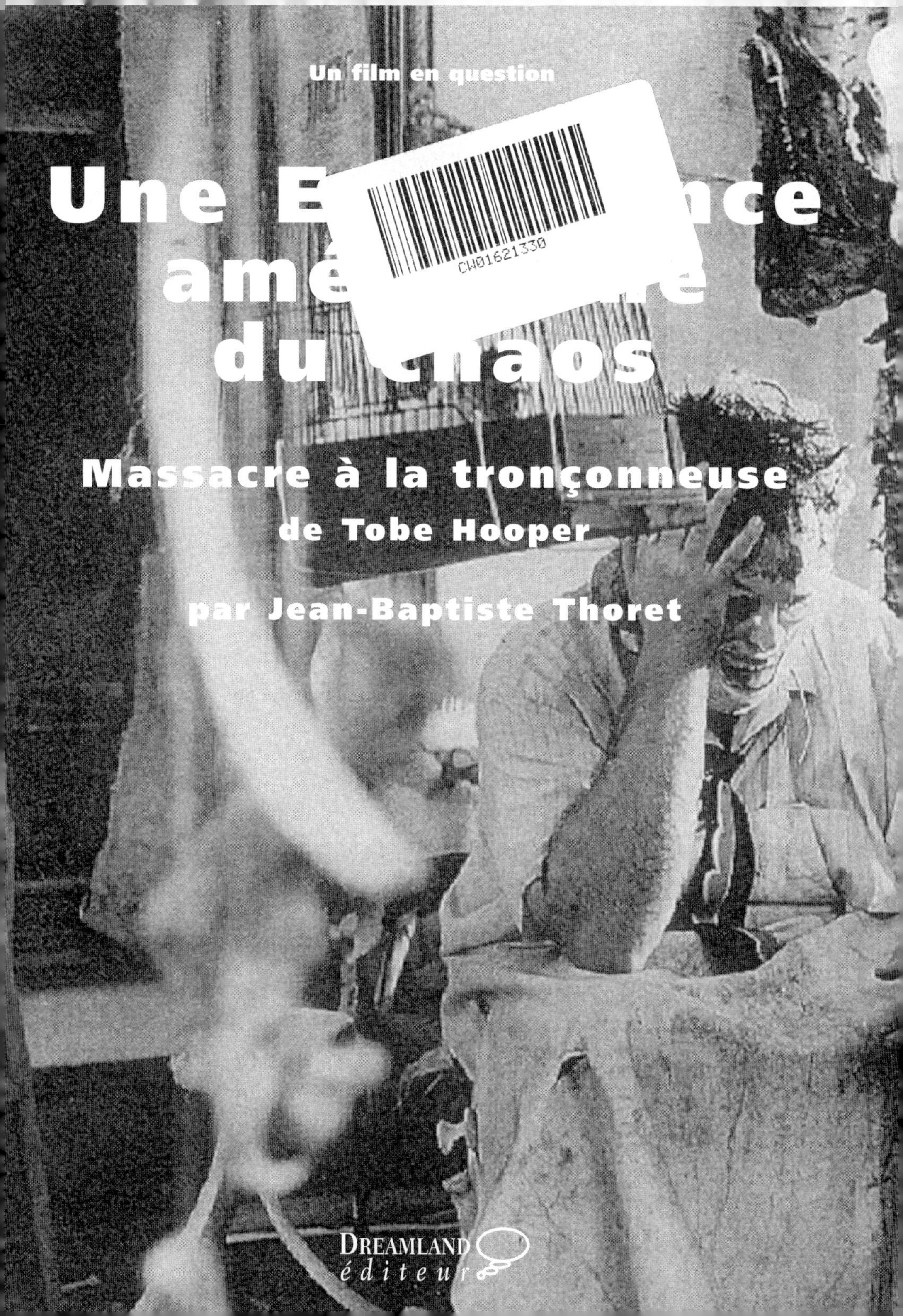

Dreamland éditeur

The Texas Chainsaw Massacre
Massacre à la tronçonneuse

de Tobe Hooper

1973 • États-Unis • 16 mm (gonflé en 35 mm) • Une production Vortex/Henkel/Hooper • *Réalisation et production :* Tobe Hooper • *Histoire originale et scénario :* Kim Henkel et Tobe Hooper • *Producteur exécutif :* Jay Parsley • *Production manager :* Ronald Bozman • *Producteurs associés :* Kim Henkel et Richard Saenz • *Coproducteurs :* Ray Spaw, Robert Putejovski, A. C. Parsley, Sally Nicolaou, Paulette Gochnour, Paula Eaton, Charlie Loving, Jerry Bellnoski, Jim Crow, David Spaw, George Baetz et Tom Foote • *Photographie :* Lynn Lochwood • *Musique :* Tobe Hooper et Wayne Bell • *Ingénieur du son :* Ted Nicolaou • *Montage :* Sallye Richardson et Larry Carroll • *Direction artistique :* Robert A. Burns • *Caméra :* Daniel Pearl • Maquillage : Dorothy Pearl • *Maquillage du grand-père :* W.E. Barnes • *Assistant réalisateur :* Sallye Richardson • *Assistant caméraman :* Lou Perryman • *Assistant caméra :* J. Michael McClary • *Scripte :* Mary Church • *Post production sonore/perchman :* Wayne Bell • *Photographie additionnelle :* Tobe Hooper • *Mixage :* Todd/AO • *Mixage :* Buzz Knudson et Jay Harding • *Key Grip :* Linn Scherwitz • *Grip :* Rod Ponton • *Remixage :* Paul Harrison • *Interprétation :* Marilyn Burns (Sally), Allen Danziger (Jerry), Paul A. Partain (Franklin), William Vail (Kirk), Teri McMinn (Pam), Edwin Neal (Hitchiker), Jim Siedow (Old Man), Gunnar Hansen (Leatherface), John Dugan (Grandfather), Robert Courtin (Window Washer), William Creamer (Bearded Man), John Henry Faulk (présentateur radio), John Larroquette (le narrateur), Joe Bill Hogan (l'ivrogne), Jerry Green (le cow-boy), Ed Guinn (Cattle Truck Driver), Perry Lorenz (Pick up driver) • *Chansons : Fool for a Blonde* (Roger Bartlett & Friends) ; *Waco* et *Glad Hand* (Timberline Rose) ; *Daddy's Sick Again* et *Misty Hours of Daylight* (Arkley Blue) ; *Feria De Las Flores* et *Poco a Poco No* (Los Cyclones) • *Durée :* 84 mn • *Distribution :* René Chateau (France) • *Sortie France :* 5 mai 1982.

à Pike Bishop

« Que se passe-t-il quand autrui fait défaut dans la structure du monde ? »

Gilles Deleuze, Logique du sens.

5

L'histoire

18 août 1973. Un groupe de cinq jeunes vacanciers – Pam, Kirk, Sally Hardesty, son frère invalide Franklin et Jerry son petit ami – traverse le Texas lorsqu'un bulletin radiophonique leur apprend qu'une série de tombes a été profanée et les cadavres, amputés. Sally, qui vécut son enfance dans les environs, décide de faire un détour par le cimetière afin de vérifier que la tombe de son grand-père n'a pas subi de dommage. Sur la route caniculaire des abattoirs, tandis que Pam se plonge dans la lecture d'un guide astrologique qui prédit des lendemains sinistres, ils prennent un auto-stoppeur au physique peu engageant. Entre lui et Franklin, une conversation passionnée s'engage sur les différentes méthodes d'abattage. Soudain, l'homme sort un vieil appareil photo, prend un cliché de Franklin et propose de lui vendre. Son refus provoque alors la colère de l'auto-stoppeur qui brûle la photographie et incise le bras de Franklin à l'aide d'un rasoir. Une fois l'intrus expulsé du véhicule, Pam reprend la lecture de son guide. En quête d'essence, le groupe dégote alors une petite station-service mais en vain : le propriétaire de la boutique leur avoue être à cours de carburant mais leur propose, en attendant d'être livré, de partager avec lui un barbecue. Les jeunes refusent, non sans lui avoir acheté quelques morceaux de viande cuite, et lui demandent le chemin de l'ancienne maison de famille des Hardesty. Avant de rentrer dans le van, Sally découvre sur la carrosserie du véhicule, une marque tracée au sang par l'auto-stoppeur. Au bout d'une route, ils trouvent enfin la maison, imposante et décrépie. Tandis que Sally, Jerry, Pam et Kirk partent visiter les lieux, Franklin, incapable de monter les escaliers, découvre sur le sol de la véranda un mélange de carcasses et de plumes et, suspendu dans l'encadrement de la porte, des ossements. Quelques minutes plus tard, Kirk et Pam décident d'aller se baigner dans la rivière située derrière la maison. Sur le chemin, ils sont alertés par le bruit d'un groupe électrogène. Espérant trouver un peu d'essence, ils se dirigent vers la maison. Kirk frappe à la porte tandis que Pam part l'attendre sur une balançoire. Intrigué par un cri de porc, Kirk se décide malgré tout à entrer. Apparaît alors Leatherface, un homme massif vêtu d'un tablier de boucher et d'un masque de cuir en guise de visage, qui le tue à coup de massue. Pam part à la recherche de son ami, pénètre dans la maison et tombe dans une pièce remplie de compositions grotesques à base d'os, de crânes humains, de squelettes, de plumes et de peau humaine. Dégoûtée par ce spectacle macabre, elle tente de s'enfuir. Mais Leatherface s'empare d'elle et la suspend à un crochet de boucher. Le soleil décline. Restés près du van, Sally, Franklin et Jerry commencent à s'inquiéter. Ce dernier se dirige vers la maison maudite et subit un sort identique à Pam et Kirk. La nuit est maintenant tombée et Sally n'en peut plus de hurler le nom de ses amis. À l'aide d'une simple torche, le frère et la sœur s'enfoncent dans la nature. Mais Leatherface surgit de l'obscurité et tue Franklin à l'aide d'une tronçonneuse. Traquée par le fou, Sally tente de s'enfuir. Elle échoue dans la maison maudite et découvre en haut d'un escalier, les corps momifiés d'un couple

de vieillards, assis sur une chaise l'un en face de l'autre. Mais Leatherface ne tarde pas à arriver. Sally saute par une fenêtre et trouve finalement refuge dans une cabane, habitée par le propriétaire de la station-service. Dans un état presque catatonique, Sally implore l'homme d'appeler la police. Ce dernier tente de la rassurer puis s'absente quelques secondes. Pendant ce temps, la radio diffuse un bulletin rapportant de nouvelles profanations de sépultures. L'homme revient alors muni d'un sac en toile et d'une corde. Sally tente de résister mais en vain. Après l'avoir battue à coups de balais, il la ficelle et la dépose sur la banquette de sa voiture. Sur le chemin, l'auto-stoppeur pris quelques heures plus tôt par les jeunes, est saisi dans les phares du véhicule. Arrivé dans la maison macabre, on comprend les liens familiaux unissant les trois autochtones du film. Leatherface et l'auto-stoppeur sont frères qui vivent en compagnie de leur oncle. Transportée dans le salon, Sally est offerte en festin au grand-père découvert dans la pièce du haut. L'auto-stoppeur lui incise alors un doigt et l'offre au vieil homme qui peine à le sucer. Au bord de la folie, Sally s'évanouit. Lorsqu'elle reprend connaissance, elle se découvre attachée à une chaise, devant une table ornée d'objets mortuaires disposés en enfilade : un crâne, une lampe flanquée d'un abat-jour en forme de visage humain et la carcasse d'un rongeur. Elle réunit le peu d'énergie qui lui reste et implore ses tortionnaires. En réponse aux hurlements de leur victime, ces derniers se mettent à ricaner et à grimacer. Il l'offre ensuite au grand-père qui tente péniblement de l'abattre à coup de maillets. La tête penchée sur un baquet, elle subit ses coups de massue. Profitant d'un moment d'hésitation, Sally se libère de ses bourreaux, se lance à travers une fenêtre et court. Sur le chemin de terre qui la conduit vers la grande route, elle est prise en chasse par Leatherface et l'auto-stoppeur. Ce dernier, occupé à lui lacérer le dos, est heurté de plein fouet par un camion. Pendant que le conducteur tente d'endiguer les assauts de Leatherface, Sally arrête une camionnette, et se hisse à l'arrière du véhicule. Au bout de la route, le visage ensanglanté, le rire fou, elle voit maintenant Leatherface, brandissant de dépit sa machine vengeresse. Le crépuscule s'annonce et avec lui la fin d'un voyage au bout de l'horreur. *Cut.*

7

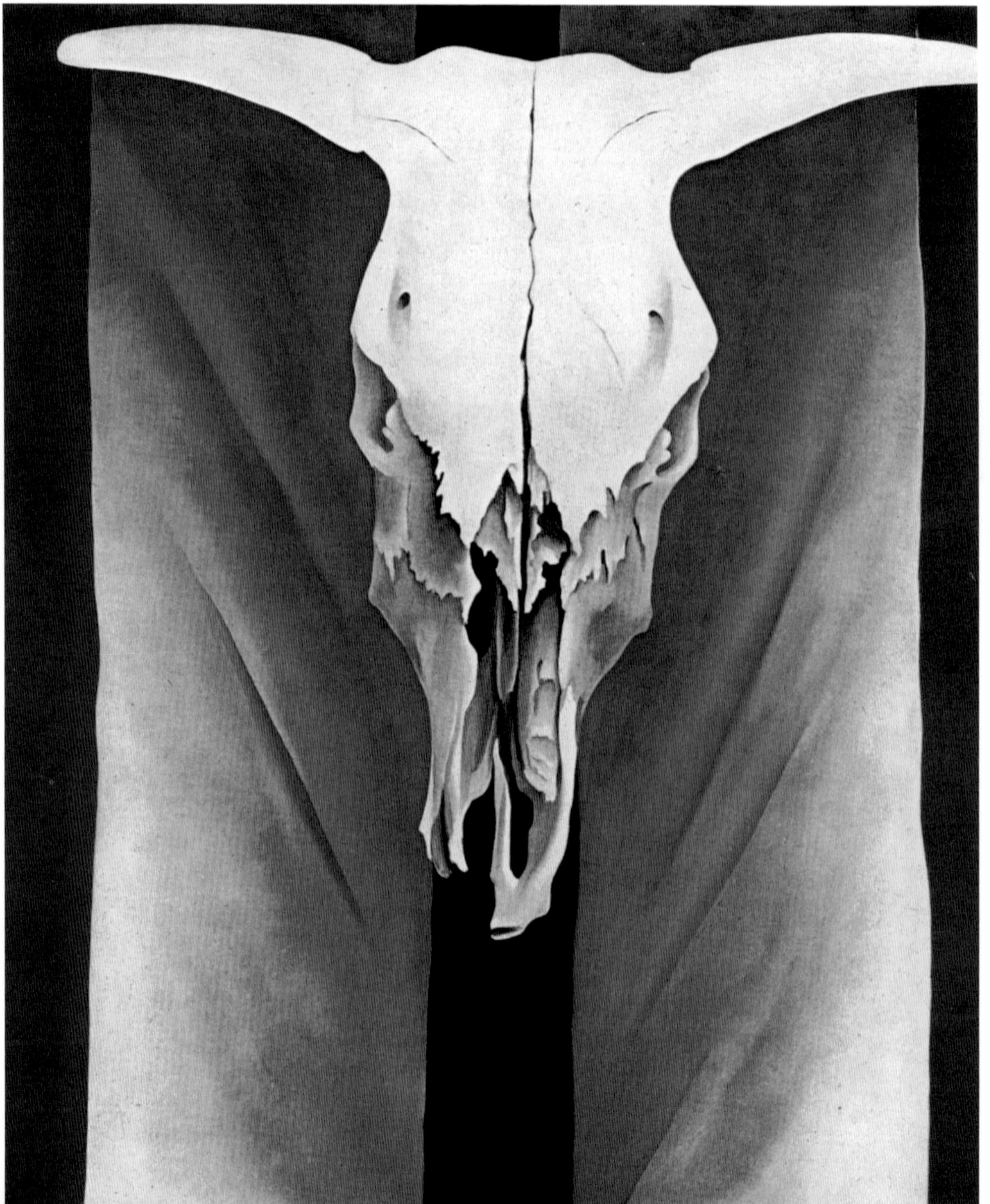

Cow's Skull : Red, White, and Blue, *Georgia O'Keefe, 1931.*

1 Texas, USA

Au commencement il y a le noir, bientôt les ténèbres. Le souffle haletant d'un être humain – ou bien s'agit-il déjà d'un râle bestial ? – entrecoupé de bruits de pioche, de pelle peut-être. Exhumation, profanation de sépulture, bruits de gravas et déjà, deux sens possibles : l'enterrement ou le déterrement. Puis subitement, une lumière aveuglante vient déchirer le noir de l'écran et révèle à la faveur d'un flash photographique, des bouts de cadavres. Le processus se répète plusieurs fois comme sous l'effet d'un interrupteur détraqué. Un œil, un bras, un pied, un tibia, chacune de ces apparitions est scandée par un bruit strident, industriel, semblable à une scie raturant violemment les cordes d'un violon. Montés cut, ses plans évoquent les photos de Serrano *(Burn to Death* notamment, 1992), avec ses cadavres calcinés, brûlés, défigurés, que l'on aurait enfilés bout à bout pour composer cette monstrueuse parade. Ils évoquent également les coups de couteaux de Norman Bates sur le corps laiteux de Janet Leigh dans *Psycho,* la configuration d'une séquence à l'échelle d'un film tout entier. À chaque coup de couteau, une note, un cut et un cri. Un cri de femme dans le film d'Hitchcock, ici, de porc qu'on égorge. Dissolution rapide du sang de Marion qui s'écoule par la bonde, dissolution lente ici, des chairs qui se décomposent et de la pellicule qui fond dans le noir. Le cri de la femme, Sally Hardesty (littéralement "la plus forte"), ne retentira que bien plus tard pour ne plus s'arrêter. Sally, l'unique rescapée de cette tragédie texane, est l'instinct de survie faite femme, celle qui sera parvenue au bout de l'horreur, de l'intelligible et de la folie. Celle enfin, qui aura lutté pour elle et pour le monde, pour que l'humanité ne *s'éclipse* pas définitivement.

Mais tout commence d'abord dans le bruit. Bien avant celui de la tronçonneuse qui déclenchera chez Sally et les spectateurs une réaction pavlovienne de peur et de dégoût. La bande-son, véritable chambre des tortures sonores, transforme dès l'entame le spectateur en animal apeuré, toujours en alerte, maintenu dans un état de tension nerveuse qu'un simple battement d'ailes fera frissonner. Mais le cadre montre rarement l'origine des sons, il se contente de jouer le rôle d'une caisse de résonance amplifiant, créant même parfois, les bruits d'une nature déréglée, hostile et menaçante, peuplée de machines qui n'en finissent plus d'agoniser. Sons indéterminés d'origine post-industrielles, ustensiles en ferraille s'entrechoquant, ambiance presque tribale, cymbales cabossées, puis des cris de cochons suraigus, d'humains, de poulaillers, des sacrifices d'animaux peut-être, le tout composant la rumeur sourde et inquiétante d'une cuisine en pleine activité située hors champ[1]. Prémisses d'une horreur auditive qui ne cessera plus. Pourtant, de ce magma sonore, un son se détache dès le prologue. Il s'agit de cette note stridente[2], mélange confus de cris électroniques qui, incisant littéralement

1 Notons aussi que cette façon de nourrir la bande-son d'une activité absente du cadre fait écho à l'absence réelle de travail qui touche les membres de la famille. Par ailleurs, le film est rempli de machines déficientes (le distributeur de boissons, la pompe à essence) ou tournant à vide (le groupe électrogène).

2 qui évoque les célèbres violons de Bernard Herrmann dans la partition de Psycho *d'Alfred Hitchcock.*

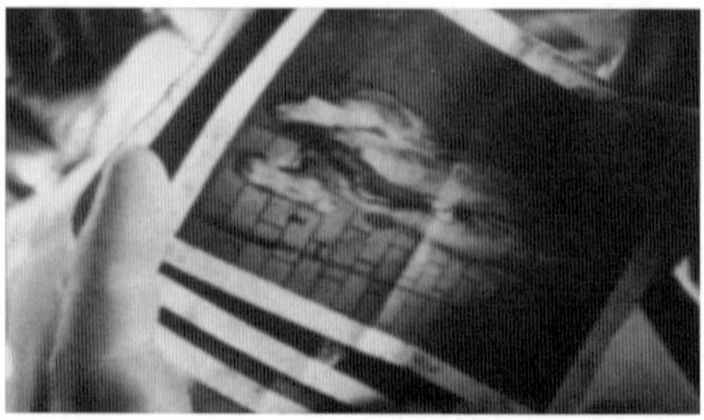

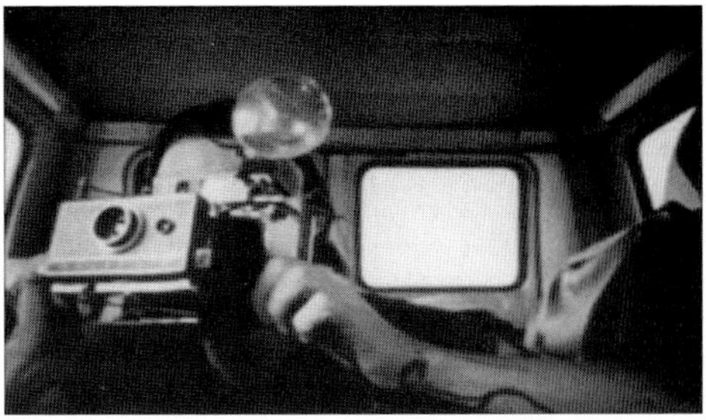

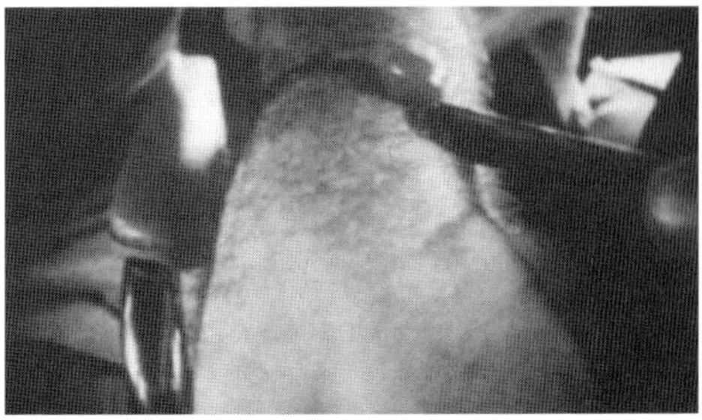

la bande-son, redouble la violence visuelle du flash lorsque d'un seul coup, apparaissent les premiers membres putréfiés. Se met en place ici une association très forte entre l'effet de stridence (tant sonore que visuelle), de raccord (le montage comme coupure dans le plan), la lumière et le cadavre. Quelques minutes plus tard, Tobe Hooper réutilise une partie de cette combinaison lorsque les jeunes vacanciers décident d'embarquer un auto-stoppeur. « *Il faut le prendre,* dit Kirk à ses amis. *il va crever sous le soleil.* » Remarque essentielle qui qualifie déjà l'espace du film comme un gigantesque four à cuire. L'auto-stoppeur, dont le visage maquillé trahit des signes de tribalité dégradée, montre fièrement à ses hôtes des photos d'animaux morts, de quartiers de viande découpées et de chambres froides, trophées probables d'une époque révolue où les abattoirs fonctionnaient encore. Il décide alors de fixer Franklin au flash, anticipant ainsi son devenir-viande. Mais frustré de ne pouvoir troquer son cliché photographique contre une poignée de dollars, il se livre à un rituel à mi-chemin des pratiques vaudous et de la sorcellerie. Il dépose la photo au centre d'un papier en aluminium, la saupoudre d'un mélange inconnu, craque une allumette puis embrase le tout. Profitant de la panique qui s'empare des occupants du véhicule, il incise à l'aide de son rasoir l'avant-bras de Franklin. Gros-plan sur l'entaille d'où perle une goutte de sang, nouveau surgissement de la note du début en lieu et place du cri de l'humain. On retrouve ici la configuration initiale (photographie, coupure, cadavre et son) mais déplacée. Ce que dit précisément ce geste, au-delà des précisions qu'il apporte sur le profil psychologique de l'auto-stoppeur, c'est l'exacte équivalence entre la dégradation du support photographique (déjà brûlée par le flash) et de la chair humaine. Dans *The Texas Chainsaw Massacre,* la lumière est cousine de la mort, son allié objectif. Elle prépare le terrain à la découpe des corps, elle ramollit leur chair et les crame déjà à petit feu. En brûlant ainsi le cliché de son hôte, l'auto-stoppeur pousse d'un cran la surexposition de l'incipit, il la réalise (le flash noie un court instant les occupants du véhicule et le cadre lui-même dans un blanc aveuglant). S'aventurer sur la pellicule, autrement dit être impressionnée par elle, c'est prendre le risque de périr. Dans *The Texas Chainsaw Massacre*, les corps ne tiennent pas dans l'image parce que l'image est comme une peau, *inflammatoire.*

Pam part en quête de son ami mais à la place, elle trouve Leatherface. Celui-ci la saisit par la taille et l'emmène dans son atelier de boucher. Un crochet pendu au premier plan suffit à sceller le sort de la jeune femme. Mais la viande fraîche ne doit pas attendre pour être découpée. Leatherface démarre sa tronçonneuse et enfonce la scie dans le corps de Jerry, situé hors champ. À ce moment, la pièce plonge dans une lumière rouge à cause du sang qui éclabousse les murs mais surtout de l'ampoule que quelques gouttes viennent colorer. L'atelier ressemble alors à un laboratoire de développement mais ici, ce sont les chairs que l'on révèle, trop même (on les dégrade).

Tandis que l'écran est pris dans un phénomène de clignotement, la bande-son, elle, désoriente la perception du spectateur : une voix-off déroule sur un ton monotone une série de faits divers scabreux, de catastrophes naissantes et de dérèglements qui agitent le monde. Une abondance de signes mais déjà, le sens manque. En quelques secondes insoutenables, Tobe Hooper dévoile les motifs du film à venir : le soleil et la mort, la chair et la viande, l'informe, la pourriture, le fragment, l'œil mort. Puis, par un effet de rupture abrupte, un long travelling arrière dévoile une composition insolite : des bribes éparses de corps humains entrevus quelques secondes plus tôt, l'homme a remonté une caricature de monument aux morts, « *particulièrement macabre* », précise la voix-off. Celle-ci trône sur une stèle funéraire au milieu d'un cimetière tandis que le soleil qui se lève à l'horizon, achève le processus de putréfaction. À la sensation d'éclatement des premiers plans, de désorientation, de saturation sonore et de démembrement littéral, au surplus d'informations incapable de se constituer en discours cohérent, surgit cette image terrible, absurde, mais presque apaisante. Apaisante parce que constituée et lisible. Puis le générique du film surgit enfin, une catastrophe grotesque s'annonce, une expérience américaine du chaos, non pas de celles qui nécessitent le concours de phénomènes surnaturels ou de créatures imaginaires, mais de celles qui puisent au plus profond de l'âme humaine, de ses mythes, et de l'Amérique jeffersonnienne, une intensité de ses dysfonctionnements. « *Avec* The Texas Chainsaw Massacre, *avoua Tobe Hooper en 1982, je voulais donner aux spectateurs une surcharge. Je voulais expérimenter une certaine forme d'horreur, faire trébucher quelques commutateurs et voir ce qu'il en résulterait* »[3]. D'emblée, se fait jour une esthétique du démontage que le film ne cessera de décliner. Démontage des corps, considérés comme les pièces d'un gigantesque mécano humain, démontage de l'histoire américaine (quels sont ces cadavres trop vite enterrés ?), démontage de la continuité filmique, mais surtout du sens et de son corollaire, le raccord impossible. À la toute fin du film, un ultime sursaut d'énergie permet à Sally d'échapper à Leatherface et de reprendre la route. Un semblant de causalité semble alors refaire surface lorsqu'un court instant, le dernier, un champ-contrechamp entre le regard halluciné de la Belle et les trépidations enfantines de la Bête reprend ses droits. C'est alors que « *le monde et des ombres se soulèvent à nos yeux et cela commence en nous l'expérience de ces mouvements irrépétables.*[4] » Le carton d'ouverture nous avait déjà prévenus : Sally serait l'unique rescapée du film. Mais au bout de son expérience tragique, qu'a-t-elle saisi du monde et nous avec elle ? Saura-t-elle dire à ceux qui la recueilleront son état lorsque l'échange n'est plus possible ? A-t-elle enfin rencontré dans le regard absent de Leatherface son propre désarroi, une *inclinaison* en somme ?

Si l'on excepte le surprenant *Fun House (Massacre dans un train fantôme,* 1980) et la suite de *The Texas Chainsaw Massacre* réalisée en 1987, Tobe Hooper fut le cinéaste d'un seul film. Quintessence de l'horreur expérimentale, œuvre profonde et viscérale, *The Texas Chainsaw Massacre*, comme bon nombre de films qui virent le jour au début des années soixante-dix, livra une vision de l'Amérique déconstruite par les soubresauts de son histoire et engagée dans une entreprise enthousiaste de relecture politique et esthétique. Leatherface, rejeton tronçonneur d'une famille texane au chômage apparut pour beaucoup de spectateurs américains comme le symbole d'une société en pleine décomposition qui envoyait sa jeunesse au casse-pipe dans les lisières du Vietnam du Nord. Fils barbare et attachant d'une famille de dégénérés, vautrés dans une célébration perpétuelle de la mort

3 In Cinéfantastique, *October 1986 (Vol. 16, n° 4 & 5), p. 40.*

4 Jean-Louis Schefer, L'Homme ordinaire de cinéma, *Cahiers du Cinéma/Gallimard, 1980, p. 20.*

AUGUST 18, 1973

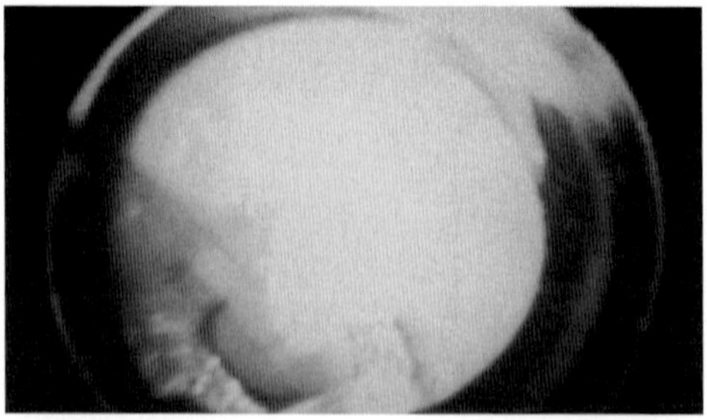

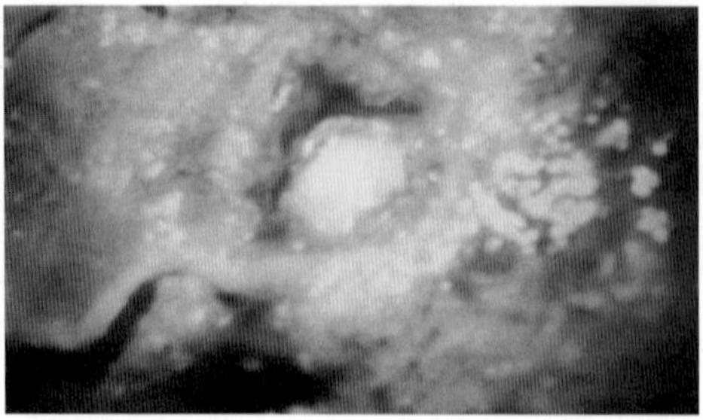

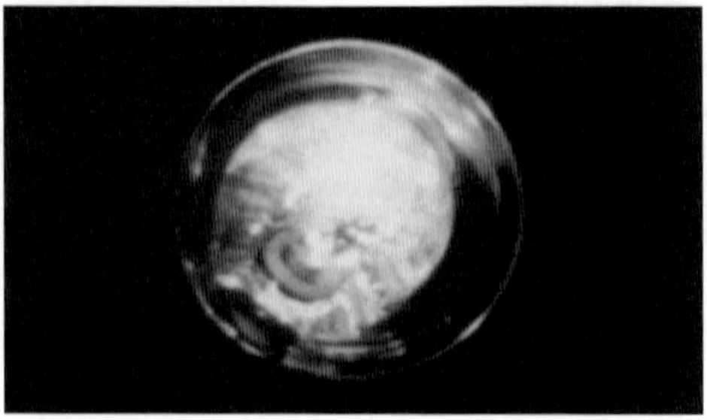

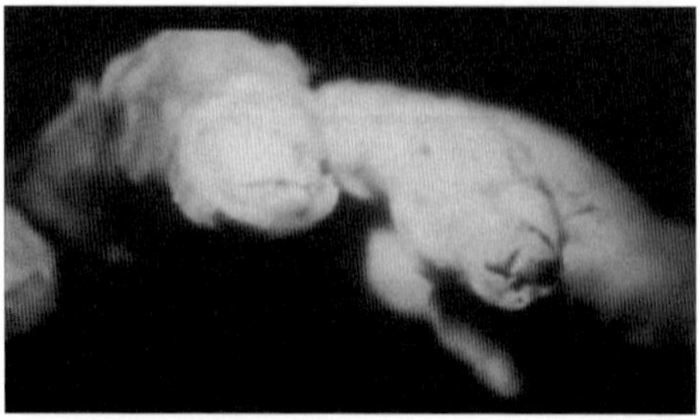

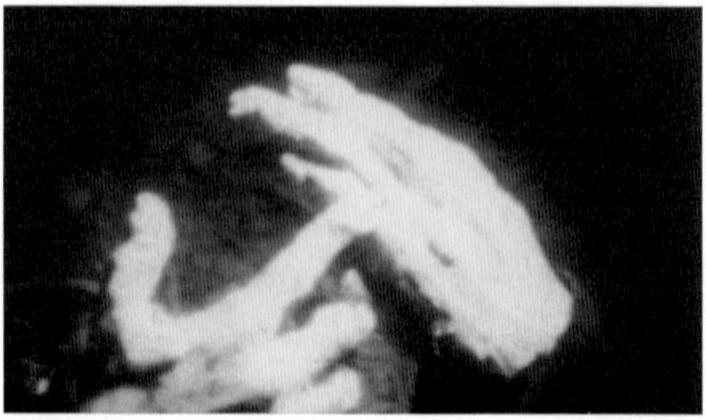

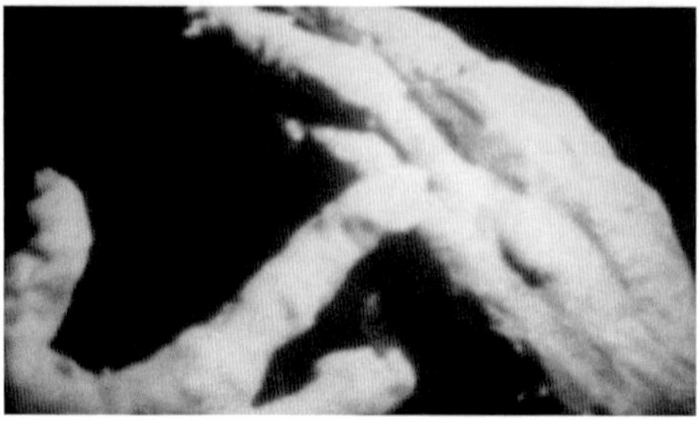

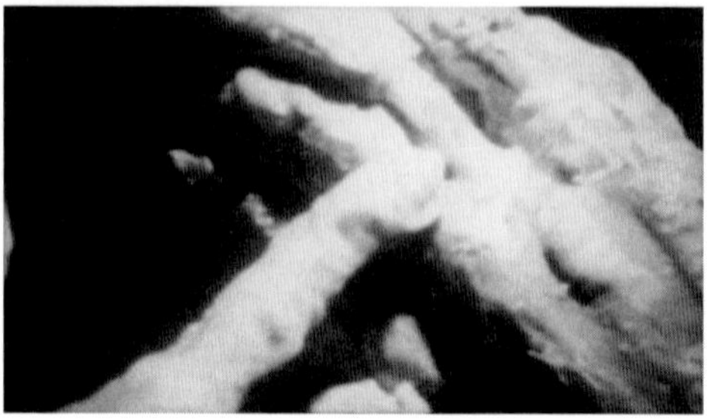

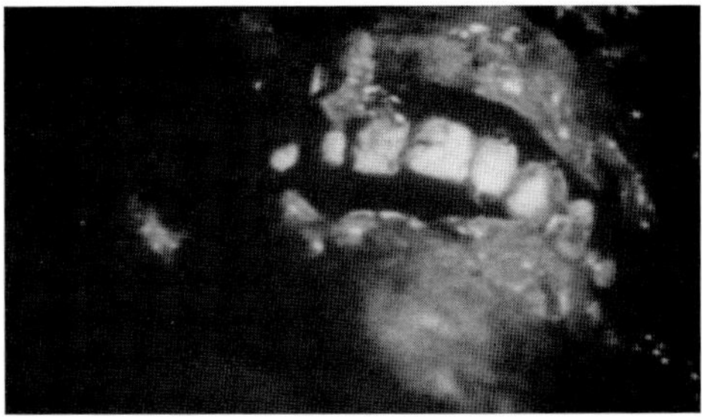
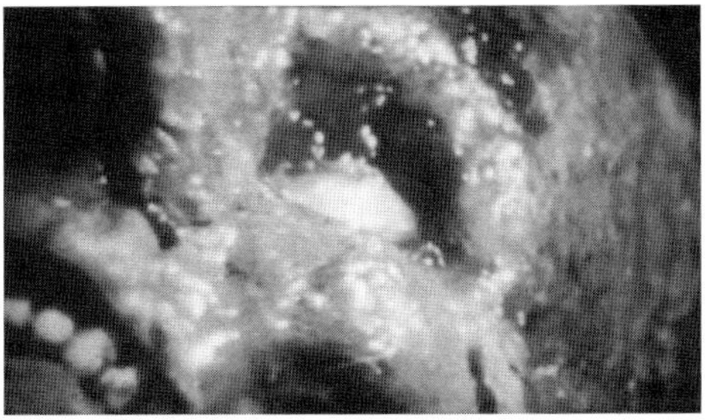
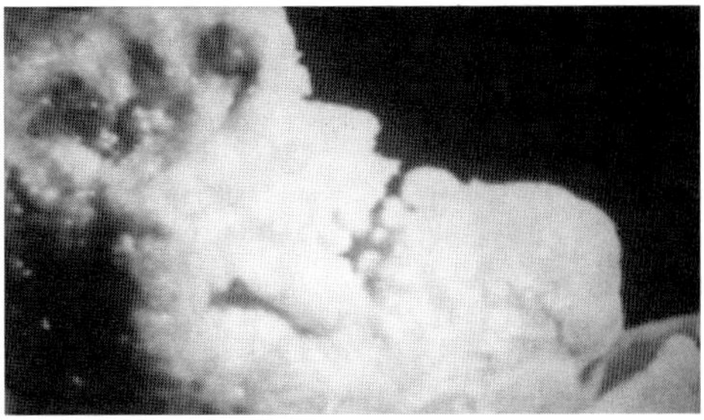

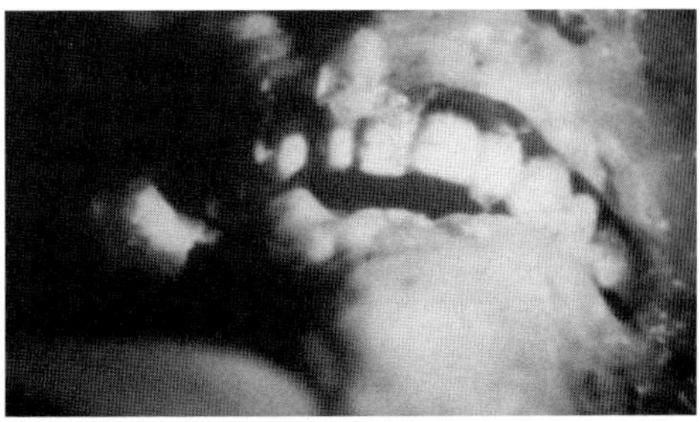
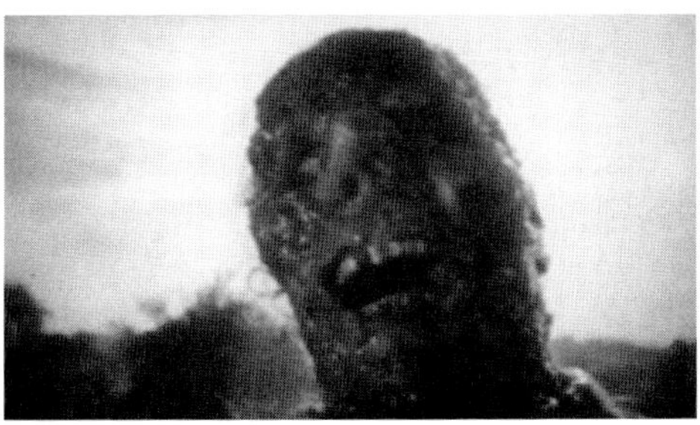

mêlant pratiques cannibales et rituels vaudous sur fond d'apocalypse. *The Texas Chainsaw Massacre*, qui n'aurait pu être, pour faire court, qu'une version fauchée voire un *spin-up*[5] du *Deliverance* de Boorman réalisé un an plus tôt, constitue assurément le parangon d'une décennie prolifique (le dernier âge d'or américain ?) placée sous le signe du chaos et inaugurée dès la fin des années soixante par des cinéastes comme George Romero, Sam Peckinpah, Arthur Penn, Richard Sarafian ou Don Siegel. Vingt-sept ans ont passé, et le premier long métrage de Tobe Hooper possède plus que jamais la force des expériences limites, le négatif écarlate du film "conte de féeique" dont le *slasher* (sous le patronage d'*Halloween* de John Carpenter) fit *ad nauseam* ses choux gras. *The Texas Chainsaw Massacre* est avant tout un film sur la Fin. Sur la négation des illusions et des fables initiatiques, sur l'apologie de la régression comme seule issue possible à un monde au bord du gouffre, sur la Fin d'une Amérique conquérante et sûre d'elle découvrant comme au sortir d'un cauchemar agité, un monde transformé, renversé, paranoïaque et absurde.

Pour beaucoup, *The Texas Chainsaw Massacre* constitue l'archétype du film d'horreur nauséabond, répugnant, de mauvais goût presque, et pour d'autres (ceux qui ne l'ont pas ou mal vus), le summum du film gore. À cette réputation, dont furent frappées en leurs temps les œuvres ayant travaillé une certaine esthétique de la laideur, s'ajoute un ultime reproche : la gratuité. Reproche motivé par des exigences de rentabilité d'une part (or *The Texas Chainsaw Massacre* n'est pas à proprement parler, un film de série B[6]) et de l'autre, par une absence totale d'explication rationnelle, psychologique ou surnaturelle au déchaînement macabre du film. « *Pourquoi ne pas avoir de l'horreur juste pour le plaisir de l'horreur ?* déclarait Tobe Hooper à la sortie du film. *Pas de motivation, pas de logique, rien. Certains vieux films d'horreurs fonctionnaient sur ce principe.*[7] » Éviter à tous prix le fantastique avéré comme un agent rassurant (et déguisé) d'un retour à l'ordre. Pas de sens donc. L'absurdité et rien qu'elle comme forme allégorique d'un monde absent à lui-même, plongé dans une expérience de la perte et de son deuil impossible. L'Amérique des années soixante-dix bien sûr, que l'on distinguera sans peine en filigrane du film, mais au-delà, une tentative sublime de réponse à la question posée par Gilles Deleuze dans *Logique du sens*, « *Que se passe-t-il quand autrui fait défaut dans la structure du monde ?* »

La parenté du film de Hooper au genre (citons par exemple *Freaks, Old Dark House, La Bête aux cinq doigts, Le Monstre est vivant)*, son acharnement à en détourner les codes, sa destruction en règle de modèles préexistants (le conte de fées notamment, sur lequel nous ne nous attarderons pas) n'intéresseront donc que très peu notre propos. Ces éléments, s'ils eurent été sans doute instructifs au débat de l'analyse, ne nous ont jamais semblé êtres susceptibles de rendre compte de notre expérience du film, à l'exception de *Psycho* bien sûr,

5 Ce que l'on pourrait traduire par : Une version dérivée de…

6 : Rappelons que celle-ci connut son déclin au milieu des années cinquante suite à la loi antitrust de 1948 et au développement massif de la télévision. The Texas Chainsaw Massacre *ne constitue pas ce qu'on appelle un* formula ou exploitation movie, *lequel est censé répéter dans des conditions de productions modestes et à l'adresse d'un public de teenagers, le succès d'un film de série A.*

7 Cinefantastic, *op, cit. p. 40.*

basé lui aussi sur les exactions d'Ed Gein (surnommé le "boucher du Wisconsin" [8]) et dont le film de Tobe Hooper propose une brillante et *sérieuse* parodie.

Bien qu'échappant au film de genre (fantastique, science-fiction, *fantasy movies,* gore...), *The Texas Chainsaw Massacre* est pourtant bien un film d'horreur, l'un des plus saisissants jamais tournés, mais dont les différentes théories n'ont jamais su que faire. Noel Carroll par exemple, dans son essai consacré aux films d'horreur, *The Philosophy of Horror,* ne fait jamais mention du film. Selon lui, les productions artistiques relevant de *"l'art horror"* doivent mettre en scène un monstre aux origines nécessairement surnaturelles. De plus, et c'est le cœur de sa thèse, ce dernier doit posséder deux qualités qui lui sont constitutives : la menace (ressentie par les personnages comme par le spectateur) et l'impureté. S'inscrivant ainsi dans la lignée de Georges Bataille et de Mary Douglas, Carroll fait de l'abjection, au sens de Julia Kristeva, le nœud gordien du film d'horreur. Qu'il s'agisse de Dracula, du couple Jekyll/Hyde, de Regan (*The Exorcist*), du bébé de Rosemary ou de la "Chose" de Carpenter, chacune de ces créatures correspond aux critères fondateurs du film d'horreur

8 Le film s'inspire du serial killer Ed Gein, bien sûr, mais aussi d'un fait divers survenu dans les environs de Austin, Texas. Un taxidermiste assassinait des individus qui s'aventuraient dans les environs de sa propriété. Après les avoir moulu, il se servait d'eux afin de fertiliser son jardin. Les restes étaient revendus à des compagnies alimentaires spécialisées dans le recyclage des déchets et des surplus de boucherie (entrailles de chiens et de daims).

(impureté, menace, surnature) lesquels légitiment leur appartenance au genre. En revanche, *Sisters, Psycho, Repulsion, Last House on the Left* ou encore *Henry, Portrait of a Serial Killer*, pour ne citer qu'eux, sont exclus *de facto*. Si l'on suit Isabel Pinedo, il existerait un "film d'horreur post-moderne" définit selon cinq caractéristiques précises : une violente coupure d'avec le monde de tous les jours/une transgression puis une violation de frontières/la remise en question de toute rationalité/l'absence de conclusion narrative et enfin, pour le spectateur, une expérience effroyable que le film proposerait[9]. Ici, la définition s'assouplit et introduit un point, le cinquième de la liste, qui nous servira à mieux sérier la notion de film d'horreur. Mais qu'est-ce qu'une "expérience effroyable" ? L'effroi renvoie-t-il à un objet ou à une sensation ? Est-il, pour reprendre les mots de Sartre dans *Esquisse d'une théorie des émotions,* une tension du monde visible ? Or, la plupart des théories qui se sont attachées à définir le genre l'on fait à partir de ses codes, de ses structures narratives (voir les catégorisations établies par Gérard Lenne dans les années soixante-dix), de ses apax (apparition ou discrétion de l'objet horrifique), autrement dit d'éléments objectifs (l'apparence du monstre, le traitement gothique ou inquiétant des décors, l'utilisation des éclairages). Sous la plume de Carroll, de Wood et d'autres, le film d'horreur, entendu comme indissociable d'un effet qui serait la peur, apparaît *grosso modo* comme un film fantastique augmenté d'une sensation de dégoût voire de répulsion. Considérer *The Texas Chainsaw Massacre*, *Henry, Portrait of a Serial Killer* ou plus récemment *Funny Games* comme des films d'horreurs oblige à mettre au premier plan non plus une série d'éléments objectifs qui seraient constitutifs au genre mais la puissance de transmission d'un effet qui serait le vacillement. Autrement dit, l'horreur ne réside pas tant dans le sujet (celui-ci ne suffit jamais) que dans l'intensité d'une émotion. Violence de la sensation mais pas du spectacle.

Si le film de Tobe Hooper constitue une expérience spectatorielle unique, c'est qu'il met en œuvre une *stratégie de l'intensité, d'exaspération des sens* pour reprendre les mots de Bataille, de l'horreur comme charge négative et matière palpable dans les moindres recoins du cadre. Peindre le cri plutôt que l'horreur, déclarait sans relâche Francis Bacon, déclencher la réalité plutôt que la produire, un programme qui pourrait tenir lieu d'exacte définition au film de Hooper. Commentant ce propos, Deleuze écrivait : « *Bacon fait la peinture du cri, parce qu'il met la visibilité du cri, la bouche ouverte comme gouffre d'ombre, en rapport avec des forces invisibles qui ne sont plus celles de l'avenir. C'est Kafka qui parlait de détecter les puissances diaboliques de l'avenir qui frappent à la porte.*[10] » Il ne s'agit pas seulement des cris interminables poussés par Sally, ni des borborygmes incessants de Leatherface, mais de la façon dont ceux-ci entrent en résonance avec un état invisible du monde et en répercutent l'écho inquiet. Les étendues désertiques du Texas, plombées par un soleil brûlant, ces batteries de bovins agonisant dans des enclos métalliques, l'absence étouffante de relief où le regard ne trouve nulle part où se refléter, ces autochtones figées dans une attente interminable sont, bien avant le déchaînement effectif de la violence, autant de signes d'une catastrophe diffuse. C'est pourquoi, le surgissement (tardif) de Leatherface fait à ce point office de décharge. En quelques secondes il focalise puis dépense une partie de cette

9 *Isabel Pinedo,* Journal of Film and Video, *48/1-2, Spring-Summer 1996, p. 20.*

10 *Gilles Deleuze,* Francis Bacon, Logique de la sensation – I, *Éditions de la différence. p. 41.*

énergie négative dont le poids menaçait à tout moment de faire craquer le ciel. En tuant Kirk à coup de maillet, il devient comme un moteur brûlant par la violence, l'énergie délétère qui infeste le film, à l'image de l'éolienne et du groupe électrogène tournant à vide et sans raison aucune (les hélices tournent en dépit de l'absence totale de vent) aux abords de la maison maudite. Sous l'effet conjugué du travail des textures et de la bande-son – qui évoque le bruit dissonant d'une petite usine intérieure – nous sommes à la fois dans et hors le corps des personnages. Stratégie formelle qui rabat sur l'écran l'en-dedans des êtres, déforme les espaces, comprime les distances, opacifie le cadre, engloutit les corps sur les fonds (d'où l'utilisation très fréquente des gros-plans et des courtes focales) et surtout, attaque, au sens chimique du terme, la chair du matériau filmique. Dans *The Texas Chainsaw Massacre*, l'ennemi ultime eût été la neutralité, autrement dit la lecture objective d'un élément quel qu'il fut (l'horreur comme spectacle). C'est pourquoi la chair même de l'image, procure cette sensation tenace d'être elle aussi soumise à l'emprise d'une menace pesante, suintante, sans contours, indéfinie. Sur l'écran, elle se doit de jouer littéralement sa peau. À chaque plan, elle menace donc de disparaître – d'où le choix du crépuscule et de l'aube, comment moments privilégiée d'un équilibre climatique précaire –, de brûler au contact du soleil ou de s'évanouir à jamais dans les limbes de l'obscurité. Surexposition, sous-exposition, flashes, effets de grains, nuit opaque, les variations de lumière lui font subir les pires sévices. Ce travail à même la matérialité du film participe pleinement de cette stratégie de l'excès, d'évitement de la bonne distance, de filmage au plus près des textures et des peaux jusqu'à faire de la pellicule elle-même une chair déliquescente guettée à tout moment par le pourrissement. Dans le film, la puissance sensitive de la chaleur et de la putréfaction ne doit rien ou peu à ce qui les figure, elle se déduit physiquement de l'altération qui affecte le support, du film de sueur qui recouvre les visages, des tâches de sang qui maculent le tablier de Leatherface (le Mal est une tâche écrit Deleuze), ou encore de cette photographie rougeoyante qui densifie l'espace plus qu'elle ne l'éclaire. On retrouve ici ce que Deleuze dit des toiles de Bacon : « *À la violence du représenté (le sensationnel, le cliché), s'oppose la violence de la sensation. Celle-ci ne fait qu'un avec son action directe sur le système nerveux, les niveaux par lesquels elle passe, les domaines qu'elle traverse : Figure elle-même, elle ne doit rien à la nature d'un objet figuré.* [11] » Un bon exemple de ce travail nous est fourni par cette poule encagée, pendue au plafond du cabinet macabre de Leatherface. Ce qui compte ici ce n'est pas la cage, le nichoir plutôt, mais sa petitesse. Autrement dit, ce n'est pas l'objet ni le symbole qui s'y rattache (la métaphore carcérale) mais la sensation physique d'étouffement qu'elle fait naître chez le spectateur : « *Pas d'illustration de la réalité mais créer des images qui sont une concentration de la réalité et une sténographie de la sensation* [12] », déclarait Bacon. Tout, dans la mise en scène du film, concourt à effacer cette distance entre la surface de l'écran et le spectateur au profit d'un rapport sensoriel presque direct. Autrement dit, garder la surface mais sans l'écran. La série de très gros-plans d'yeux de Marilyn Burns (en anglais Marilyn brûle !)

11 Gilles Deleuze, op, cit. p. 29.

12 Francis Bacon, Interview with Melvyn Bragg (South Bank London Show, London Week End Television, *1985) cité par Hervé Vanel in* Préface, Sténographies *in* Francis Bacon, Entretiens, *Éditions Carré, Collection Arts et Esthétiques, Paris, 1996, p. 17.*

lors de la séquence du repas, achève dans l'obscénité ce travail de collusion. L'écran n'est plus qu'une gigantesque pupille, étirée, monstrueuse, et atteint à ce moment le point limite et haptique de son craquement. Au fur et à mesure, l'horreur vécue par les personnages contamine la pellicule, supprime le filtre confortable de la vision à distance et procure ***in fine*** au spectateur cette sensation rare d'être affecté physiquement par le film[13] *(« J'ai toujours été impressionné par la façon dont il* – David Lean, Nda – *utilisait les éléments naturels,* dit Hooper. *Il savait comme utiliser et montrer la chaleur et le froid, comment transmettre différentes variations climatiques et conditions astrologiques[14] »).* Ce qui dans le recours à la peinture, intéresse l'analyse du film de Hooper, n'est pas de l'ordre du motif, du décorum, de l'icône, en bref de l'imagerie, mais l'acte même du peintre, sculptant à partir d'une matière picturale, la pâte d'une émotion. À ce titre, *The Texas Chainsaw Massacre* est un film-geste qui destitue le regard de son pouvoir et confie à une caméra devenue main, la tâche de transmettre des sensations. On comprend alors pourquoi l'œil, dans le film de Hooper, est à ce point frappé d'inanité. Œil vitreux, dévoré, manquant, regard vide, autiste, incompris, la vue n'est plus qu'un sens mort, remplacé par l'odorat mais surtout par le toucher. Mais, faut-il le préciser, le film de Tobe Hooper ne s'inscrit pas dans une tradition expressionniste. Au contraire, son influence picturale et thématique majeure du film serait le réalisme (Edward Hopper au premier chef) dont il aurait imaginé, sous la férule de Kafka et Beckett, une version catastrophique.

Un dernier point : le film d'horreur, tel qu'habituellement défini, constitue toujours une expérience empreinte de sacralité. Il répète sous d'innombrables formes un scénario mythique, autrement dit une histoire sacrée (mais réelle), fondée par des êtres Surnaturels. C'est la fonction essentielle des innombrables séquences de trauma qui émaillent les films d'horreur que de raconter cette fondation primordiale, soit qu'elles interviennent dès l'ouverture, soit plus tard sous la forme de flashes-back. Or le mythe, nous a enseigné Mircea Eliade, est toujours le récit d'une création : « *On rapporte comment quelque chose a été produit, a commencé à être*[15] » (que l'on se souvienne seulement de *Halloween* et de *Fog* de John Carpenter[16] ou de *Nightmare on Elm Street* de Wes Craven). Mais surtout, il donne un sens aux rites pratiqués par les sociétés humaines, qu'elles soient archaïques, primitives ou modernes et les inscrits dans un Temps Primordial qui vient interrompre la linéarité du temps profane. À la durée et l'écoulement irréversible du second, le mythe oppose la répétition et le déroulement cyclique du premier. *The Texas Chainsaw Massacre*, avec ses références constantes à l'Apocalypse, au Chorus, à Saturne, à l'âge de l'Aquarius, ses motifs circulaires déclinés à l'envi, ses rituels obscurs et son ancrage indigène, son prologue qui dévoile tout sans rien expliquer, aurait pu être un de ceux-là : le mythe de la destruction du monde suivi d'une renaissance et d'un nouvel âge d'or, s'inscrivant ainsi dans la grande

13 Ce qui explique en partie la violence critique avec laquelle fut reçu le film lors de sa première sortie en 1974 (voir plus loin) déclinant à l'envi un même motif lié au dégoût, à la saleté et à la souillure.

14 Cinefantastic *n°1, p. 42.*

15 Mircea Eliade, Aspects du mythe, *Folio, Essais, p. 17.*

16 Nous nous permettons de renvoyer le lecteur à notre analyse de la structure mythique de Halloween *dans* Mythes et masques, les fantômes de John Carpenter, *Éditions Dreamland, Paris, 1998.*

tradition populaire des eschatologies apocalyptiques. Or, si le film de Tobe Hooper marche *de facto* sur les traces du sacré, s'il en mime jusqu'à la nausée les pratiques de réactualisation, c'est pour mieux le parodier et aboutir à une expérience profane cinglante.

The Texas Chainsaw Massacre s'ouvre dans le noir sur des images de mort. Un homme déterre des corps. Des bouts de cadavres se révèlent, au sens photographique du terme, les uns après les autres. Parmi ceux-là, un œil mort, un organe en somme, cadré en gros-plan et incisé par les coups effilés et stridents de la bande sonore, elle aussi fragmentée, hétérogène. L'image est sale, granuleuse, brûlante, puante surtout.

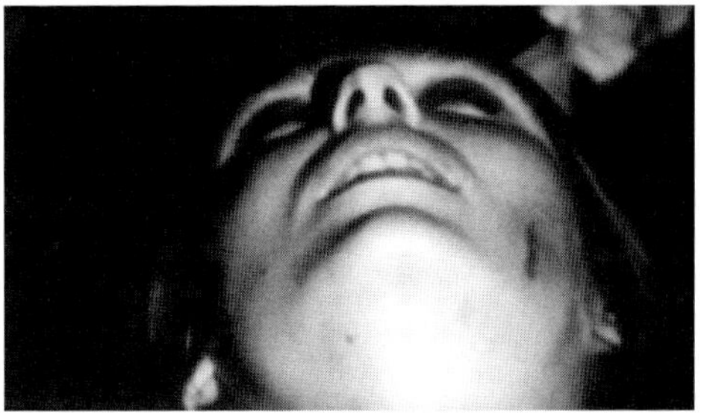

À la fin du film, Sally, vivante malgré tout, se réveille d'un cauchemar éveillé. Attachée à une chaise, elle découvre les faciès hurlants et monstrueux de ses hôtes et surtout le décorum macabre qui orne la table dont elle sera la denrée principale. Filmée de face et en gros-plan, elle relève lentement la tête et ouvre enfin les yeux. Devant elle, une tête de poule mise en plat. Puis une série de changements de mise au point rapides dévoilent successivement la carapace d'un armadillo (celui entrevu au début du film probablement), un crâne humain et, assis à l'autre extrémité de la table, le grand-père. Hooper trouve ici le moyen de filmer l'idée même de cycle. Le passage du net au flou réalise en effet le principe des vases communicants et établit très clairement le lien unissant Sally aux reliques macabres disposées sur la table. En décidant de passer de l'un à l'autre en continu (ici pas de montage parce que *pas d'opposition de nature entre elles)*, Hooper transforme son héroïne en maillon d'une chaîne écologique. Tous ces éléments, jusque-là disséminés, se trouvent enfin réunis pour filer la

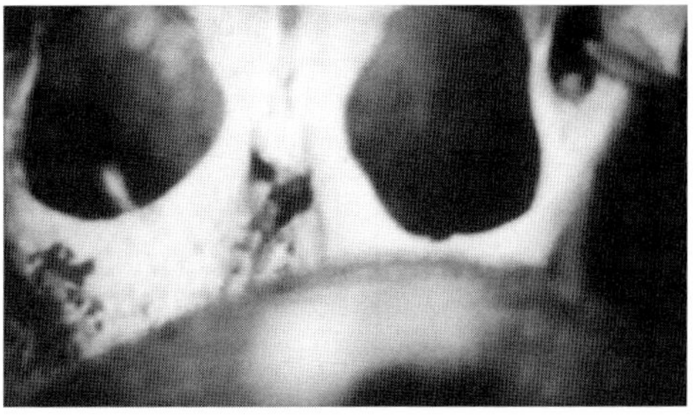

métaphore "écologique" du film. Le crâne, la carapace, la poule fraîchement décapitée, l'assiette de saucisses posée devant elle, le visage décrépi du vieillard et son corps, constituent les différents états organiques d'un même processus biologique [17] : pourrissement, putréfaction (on entend une mouche bourdonner), mort (le crâne), recyclage (la saucisse faite à partir de chair humaine) puis régénération (le grand-père suçant le sang de Sally). Sally pousse un cri d'effroi, elle vient de saisir la logique infernale de son cauchemar, son devenir-viande.

Le soleil se couche, c'est l'heure du crépuscule. Jerry part à la recherche de ses deux amis. Quelques plans suffisent à le mener à la maison maudite. Celle-ci fonctionne comme un aimant, personne ne résiste à son pouvoir attractif, pas même Sally qui, dans sa tentative désespérée de fuite y retombera inexorablement. Jerry pénètre dans le vestibule et découvre, derrière le rideau de fer, l'atelier morbide de la Bête. Des bruits sourds provenant d'un réfrigérateur l'alertent. Il ouvre le couvercle et le corps de Pam, déjà raidi par le froid, se dresse comme un diable en boîte. Soudain, Leatherface surgit et l'assassine à coups de maillet. Mais à la différence des premiers meurtres, Hooper choisit de rester avec lui, à ses côtés. L'inclination change subitement de camp. Aucun plan ne vient saisir la souffrance de Jerry, qui disparaît définitivement dans le bas du cadre. Leatherface se précipite ensuite à la fenêtre afin de vérifier que sa victime n'a pas été suivie puis s'effondre sur une chaise dans ce qui lui tient lieu de jardin secret, son musée des horreurs macabres. Un court instant, il se prend la tête entre les mains puis la relève. Immobile, fébrile, le souffle rauque entrecoupé par les bruissements d'une poule captive d'une cage minuscule, il passe sa langue sur ses lèvres lippues. Lentement, la caméra s'approche de son visage, invisible, et vient cadrer dans le trou du masque, l'œil hagard mais humain qui fait saillie derrière son masque. Son regard semble d'abord dirigé vers la caméra, mais bientôt on se rend compte qu'il se dérobe. Leatherface fixe dans le vide un point indéfini, comme absent à lui-même et l'horreur, qui quelques secondes plus tôt, étreignait le spectateur, se transforme peu à peu en compassion. Advient alors l'image d'un enfant fautif dans le corps monstrueux d'un boucher. On comprend que le monde de *The Texas Chainsaw Massacre* est un monde *disproportionné.* Mais quelle place l'humain peut-il tenir dans un tel monde ? Celui de la victime bien sûr, qu'elle soit accidentelle (les jeunes vacanciers) ou ontologique (Leatherface et sa famille). Voici donc venu le temps d'une humanité autiste, où les regards percent mais ne s'échangent plus. En un plan, Tobe Hooper anéantit le schéma, celui qui deviendra plus tard du *slasher movie*, avec son humanité clivée, son monstre sanguinaire, incarnation abstraite du Mal à l'état pur, et sa réaffirmation de l'ordre. *The Texas Chainsaw Massacre* est du côté du chaos, d'un monde qui se cherche, pétri d'incertitudes, désorienté. Dans le slasher, et plus largement dans tout film qui sait nommer l'altérité, ce plan est intolérable parce qu'il présuppose que l'humanité n'est pas un territoire à défendre mais un sentiment à conquérir. Intolérable aussi parce qu'il exprime ce paradoxe sur lequel est fondé tout le projet de Hooper : un double sentiment de cruauté et de compassion. De ce gros-plan sur la face de Leatherface, de cette proximité subite, naît un sentiment de familiarité, de partage possible.

17 L'armadillo apparaît au début du film, la saucisse est achetée à l'oncle par Franklin, la poule est vue à deux reprises dans le théâtre macabre de Leatherface...

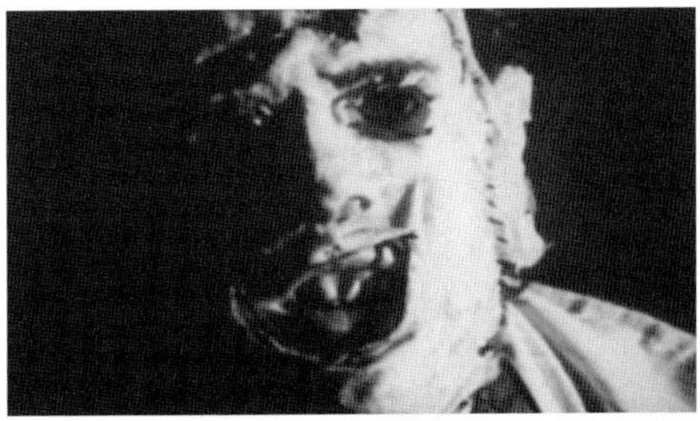

Psychose, *Alfred Hitchcock, 1960.*

Semblable à la momie décrite par Jean-Louis Schefer, Leatherface est cet « *être jamais engendré dans le monde (ni dans l'histoire) qui vient ici, c'est un organisme intérieur au cinéma qui vient nous infecter de sa naissance impossible. Et comme spectateur je suis le lieu constant de cette naissance et de cette durée refusée à tout monstre,* et, ajoute-t-il, *cette gigantesque poupée de chiffons, de bandelettes et dont tout le corps est une cuirasse de sanies, devient, jusque dans ses yeux bandés, un regard de la putréfaction qui condamne le monde.* [18] » Entre lui et nous, un lien se tisse, bien avant que le récit n'en crée d'autres entre les personnages du film. Sally et Franklin, par exemple, dont les disputes miment celles de Leatherface et de son frère. Franklin encore, qui partage avec l'auto-stoppeur, la passion des abattoirs et qui, comme lui, crachera de colère dans la maison de famille. Sally enfin, battue à coups de balais par l'Oncle avant que ce dernier ne fasse subir à Leatherface un sort identique. Le cinéma nous donne à voir des différences, des monstres, des comportements abjects, mais il nous les donne au sein d'une ressemblance fondamentale, ontologique même, qui est le cinéma lui-même. Vieille antienne. Le film de Tobe Hooper pousse cette idée jusqu'à son terme, en prenant acte de son incongruité : Leatherface, Sally, Franklin et tous les êtres vivants, humains et animaux, qui apparaissent dans le cadre appartiennent de fait au même monde. Ce monde n'est ni du côté du Bien, ni du côté du Mal, il se situe au-delà de l'un et de l'autre. *Il fait l'hypothèse du pire.* En ce sens, *The Texas Chainsaw Massacre* est un film bunuelien, enregistrant sur le mode du constat l'évanescence d'une ligne, d'une limite, d'un tracé entre deux univers régit par des lois et des mœurs différentes. D'où les figures constantes sur lesquelles nous reviendrons largement de déplacements (la profanation du sacré), de mélange (un corps est de la viande), de discontinuité (le montage heurté), et de brouillage (rêve et réalité ne se mélangent pas, ils s'équivalent), qui caractérisent le film de Hooper et si exemplairement l'œuvre du réalisateur de *L'Âge d'or*. « *Le propre du héros bunuelien,* écrit Charles Tesson, *est, lorsqu'il songe au pire, de ne jamais penser à mal, sauf dans le remords perpétuel de l'avoir mal fait. Non le mal mais le pire, en ce qu'il est aussi le propre de l'homme.* [19] » D'où les trépignements maladifs de Leatherface à chaque fois que Sally lui échappe [20] qui renvoient aux réactions enfantines d'Archibald de la Cruz après chacune de ses tentatives de meurtre ratées.
C'est pourquoi, Leatherface, personnage bunuelien, constitue à ce point la figure emblématique du film. En lui, ne s'affrontent pas terme à terme une série de pulsions contradictoires qui rejailliraient sur la structure formelle et thématique du film en y traçant de multiples frontières (Bien/Mal, sauvagerie/civilisation, état onirique/état de veille, vie/mort...) [21], il est leur somme indivisible.

18 Jean-Louis Schefer, op, cit. p. 31.

19 Charles Tesson, La Chair et la farce *in* Cahiers du cinéma, *n° 464, février 1993, p. 40.*

20 Notons que lorsque Sally trouve "refuge" chez l'oncle, une scène tournée mais coupée au montage, montrait Leatherface fendre l'air avec sa tronçonneuse (comme dans le plan final), en réaction au dépit provoqué par la fuite de Sally. Selon Tobe Hooper, cette scène plan aurait atténué l'effet de surprise lorsque, quelques minutes plus tard, le pompiste dévoile sa véritable nature.

21 Sans frontières, pas de transgression possible et sans transgression possible pas de fantastique.

Dans son dialogue avec Philippe Petit, Jean Baudrillard revient sur l'idée centrale développée dans *La Transparence du mal.* En voulant à tout prix expurger leur part maudite, écrivait-il en substance, nos sociétés démocratiques signent leur propre mort. Être encore capable de dire le mal donc. Non pas selon une logique binaire et exclusive qui serait celle du Bien – le Bien d'un côté, le Mal de l'autre, mais à partir d'un principe d'indiscernabilité. Dire le Mal à partir du Bien et vice versa. Mais comment, dès lors que le Mal devient ce virus que nous nous épuisons à annihiler, à expulser loin de notre corps politique, social, intime, loin de notre pensée ? Comment brûler cette énergie excédentaire que nous produisons sans même nous en rendre compte ? et surtout comment *l'échanger ? « L'humain ne transparaît de façon émouvante et mystérieuse qu'à travers ceux qui en sont privés. La pensée de l'humain ne peut venir que d'ailleurs et non pas de lui-même. L'inhumain est son seul témoignage (...) La pensée ne vit qu'aux confins de l'humain, à la limite asymptotique de l'inhumain : l'humain ironiquement caché derrière l'inhumain, et l'inverse : l'inhumain ironiquement louchant à travers l'humain, tout comme l'objet ironiquement louchant à travers le sujet. Transparence du mal »*[22], écrit magnifiquement l'auteur du *Crime parfait.* Tel est l'exact projet de *The Texas Chainsaw Massacre* : pour dire l'humain, en passer par l'inhumain.

22 *Jean Baudrillard,* Le Paroxyste indifférent. Entretiens avec Philippe Petit. *Le Livre de poche, biblio, essais. Éditions Grasset, 1997, p. 51.*

The Texas Chainsaw est le contraire d'un film abstrait. Tout au long du film, Hooper prend soin d'éviter la schématisation, l'épure magistrale, la violence graphique, le raccourci figuratif. Son geste de cinéma, il le puise plus du côté de Bacon que de Pollock ou Kandinski. À l'opposé du travail de John Carpenter et plus encore de Dario Argento, chez qui le Mal se transmue toujours en un système pictural non dépositaire des objets du monde extérieur, le projet de Tobe Hooper vise à extraire la Figure. Son projet est tout entier contenu dans la tension sensorielle qui émane de la matérialité : matérialité du support filmique, des éléments atmosphériques, des chairs humaines et animales. On assiste alors à une sorte de *"film brut"*, au sens où Dubuffet décrivait l'art brut comme devant « *naître des matériaux (...), se nourrir des inscriptions, des tracés instinctifs.* »

Ce qui dans le film apparaît flou ou indéfini, l'est toujours par excès ou défaut de précision. La précision est du côté des actes, ceux qui les accomplissent, eux, sont dans l'esquisse, l'inachèvement, à l'image du masque de Leatherface. Le sujet ne manque jamais, au contraire, il est sur-décrit. Parfois même jusqu'à la nausée. Le filmage qui multiplie les effets de proximité anéantit toute profondeur de champ, plaque les corps à un environnement qui les désagrège (voir ce plan où la silhouette de Jerry, d'abord floue puis nette, peine à s'extraire de l'incandescence produite par la tombée du soleil). Le Texas devient un lieu mortifère, désolé, avec ses étendues arides, ses autochtones burinés et son soleil brûlant. Un espace-tombeau en somme. Bien avant de subir les assauts de la *sick family* du film, la défiguration des corps passe par une déformation des objectifs, par la recherche permanente d'une distance excessive, anormale entre l'objectif de la caméra et les éléments du cadre. S'approcher, c'est effacer le contour au profit des matières, c'est dévorer des yeux mais c'est aussi provoquer l'oubli du modèle et, pour reprendre les mots de Kant définissant le monstrueux, réduire à néant la fin qui en constitue le concept. Tour à tour microscope ou télescope, la caméra de Tobe Hooper ne lâche à aucun moment cette position d'extrême proximité avec ce qu'elle filme. Elle dissèque, scrute, traque les chairs (humaines, animales, climatiques, filmiques) dans leur intimité, remettant sans cesse sa présence en jeu. Jamais distanciée, mais au contraire au cœur de l'action, elle occupe la position de celui qui expérimente, avance à tâtons, invente de nouvelles formes (le totem macabre agencé à partir du magma organique sur lequel s'ouvre le film), prête à succomber à tout moment au vertige de l'inattendu, de l'imprécis, de l'accident. Sa place est « *mouvante, exposée aux variations d'humeur, au sentiment de l'instant, à l'imprévisibilité du présent, brise de folie qui peut à tout instant faire vaciller la scène et l'idée même de la représentation.*[23] » Ainsi Thierry Jousse caractérise-t-il la situation instable et précaire de la caméra dans les films de John Cassavetes. Le rapprochement ici, n'est pas fortuit. *The Texas Chainsaw Massacre* reprend non seulement des plans de *A Women Under Influence* ou encore de *Faces* (un gros-plan du visage de Marilyn Burns cite celui de Lynn Carlin), conduit lui aussi ses acteurs à un jeu convulsif, mais surtout, travaille une même esthétique du geste, de l'instabilité, de l'effondrement possible. Hooper, comme Cassavetes, puise dans les matières (et quelle plus belle matière que celle offerte par les visages ?), l'intensité palpable des sensations qu'ils

23 Thierry Jousse, John Cassavetes, *Cahiers du Cinéma, Collection Auteurs, 1989, p. 16.*

cherchent à produire[24]. Dès lors, la mise en scène ne construit pas un discours en démiurge, pas plus qu'elle ne s'inféode aux règles classiques de la transparence (raccords invisibles, enchaînement fluide entre les plans, respect de la règle des 180°), elle déstabilise la perception du spectateur, le contraint à de constants réajustements dans l'espoir que la réalité réponde à sa provocation, qu'elle se déclenche. Son geste serait comparable à un peintre jetant la gouache sur sa toile, chaotique, imprévisible, tel que le décrit Thierry Jousse à propos de *Faces*: « *Changements d'axes brusques, panoramiques ultra-rapides, séries spasmodiques de gros-plans non raccordés entre eux, inserts catapultés ou mouvements de corps imprévisibles, chaque instant est imprégné d'une palpitation qui fait perdre la tête au spectateur (...). Il répond, comme dans l'action painting, à la constitution d'un espace du toucher plus que de la vue ou, plus exactement, d'un espace où la vue est subordonnée au toucher.*[25] »

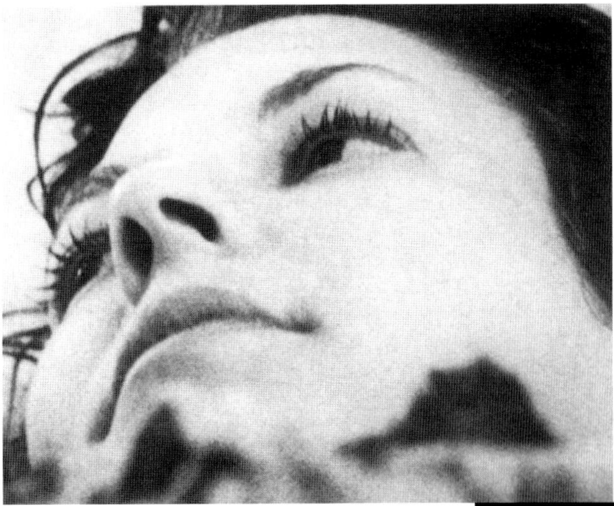

Lynn Carlin dans Faces de John Cassavetes, 1968.

Pour les personnages de *The Texas Chainsaw Massacre*, il n'existe aucune porte de sortie que le récit aurait ménagée, pas d'événements narratifs en forme d'échappée. Le dernier ressort Sally, c'est son propre corps. Ses organes, ses muscles, ses capacités motrices, ce quelque chose d'indicible tapi au fond d'elle, appelons-le la survie, cette pure énergie vitale qui justifie envers et contre tout, son désir d'avancer. Sally, c'est le corps de l'acteur poussé jusqu'à son point d'effondrement, Gena Rowlands à la fin de *A Woman Under Influence. The Texas Chainsaw Massacre* apparaît donc comme un film, qui loin des artefacts du genre dans lequel on a trop souvent voulu le ranger, travaille la sensation d'épuisement, d'éclatement. Tout le projet esthétique du film tient dans cette écriture moderne de la catastrophe telle que l'a définit Michel Ribon : « *un balancement entre deux extrêmes : le vertige de la révolte, de la colère et de la rage et le vertige de l'exténuation, de l'effacement et de la disparition.*[26] » Lorsque le monde entier semble voué au dérèglement et à la barbarie, lorsque se fait jour cette catastrophe du sens (et des sens : le film accumule des paquets de sensations toujours plus extrêmes), lorsque l'impensable a eu lieu, Tobe Hooper, lui, a tenté de rendre sensible, cette goutte d'humain, pour reprendre la belle expression de Claude Chabrol. De la faire persister.

24 « Il faut abréger jusqu'à l'intensité », *déclarait Francis Bacon.*

25 Thierry Jousse. op. cit, p. 58.

26 Michel Ribon, Esthétique de la catastrophe, *Éditions Kimé, Paris 1999, p. 218.*

Découvrir *The Texas Chainsaw Massacre* fut d'abord une expérience éprouvante, presque douloureuse mais en tout cas, profondément intime. *The Texas Chainsaw Massacre* fait partie de ces films qu'il est difficile de qualifier par une expérience de la vision. La vue ici est secondaire. Elle ne vient qu'après. D'abord, il y a le toucher et les odeurs. Aux côtés des films de John Cassavetes et de Luis Buñuel, de certains moments de ceux de Peckinpah ou de Siegel, de la fin du *Silence* de Bergman ou encore de *Persona,* du visage de Renée Falconetti dans le *Jeanne d'Arc* de Dreyer, du bébé carbonisé de *Dog Star Man* de Stan Brakhage ou des altérations charnelles des films de George A. Romero, je placerai volontiers le film de Tobe Hooper. Au-delà du collage paradoxal (voire sacrilège) établi ici, ces films tissent en moi et entre eux des liens suffisants à légitimer leur co-présence et former ainsi un musée imaginaire toujours vivace. Si je devais tenter d'en désigner un, je dirai que chacun d'eux a tenté, en empruntant des chemins parfois opposés, de traquer quelque chose de l'ordre de la survie, de son intensité, en s'approchant au plus près des visages. Visages heureux, souffrants, déformés, implorants, brûlés, masqués, défigurés voire absents, mais en tout cas palpables et vibrants. Le visage comme preuve ultime de notre humanité et puis l'étincelle du regard, lieu précieux de la rencontre avec autrui. Parce que la différence entre un être vivant et un crâne, avouait Giacometti, c'est le regard et rien d'autre. Mais que se passe-t-il lorsque le regard manque ? Il s'agira donc, comme le dit magnifiquement Jean-Louis Schefer, « *de prêter une voix à cette mémoire-là, au spectacle de ses effets* » et tenter « *d'en rendre sensible un certain seuil.* »

Genèse

« C'est malsain. Nous travaillons sur un film malsain et nous devenons malades. Nous avons tous eu un sentiment de dégoût par rapport à nous-mêmes. »

Dottie Pearl, maquilleuse

Alors jeune diplômé de l'Université du Texas, Tobe Hooper n'a que vingt-huit ans lorsqu'il entreprend le tournage de *The Texas Chainsaw Massacre* (sorti en France en 1982 sous le titre *Massacre à la tronçonneuse).* À son actif, deux documentaires : l'un, protestant contre la destruction des paysages du Texas pour la construction de parkings et l'autre, consacré au groupe de folk *Peter, Paul and Mary (The Heisters,* 10 minutes, réalisé en 1965). À cela, s'ajoute une expérience prolifique de monteur et de chef opérateur à la télévision qu'il intégra à l'âge de dix-huit ans. En 1972, Hooper réalise *Eggshells,* sous-titré « *An American Freak Illumination* », évoquant la fin des mouvements de paix. Le film, doté d'un budget de 100 000 dollars remporte la médaille d'or au festival du film d'Atlanta mais ne

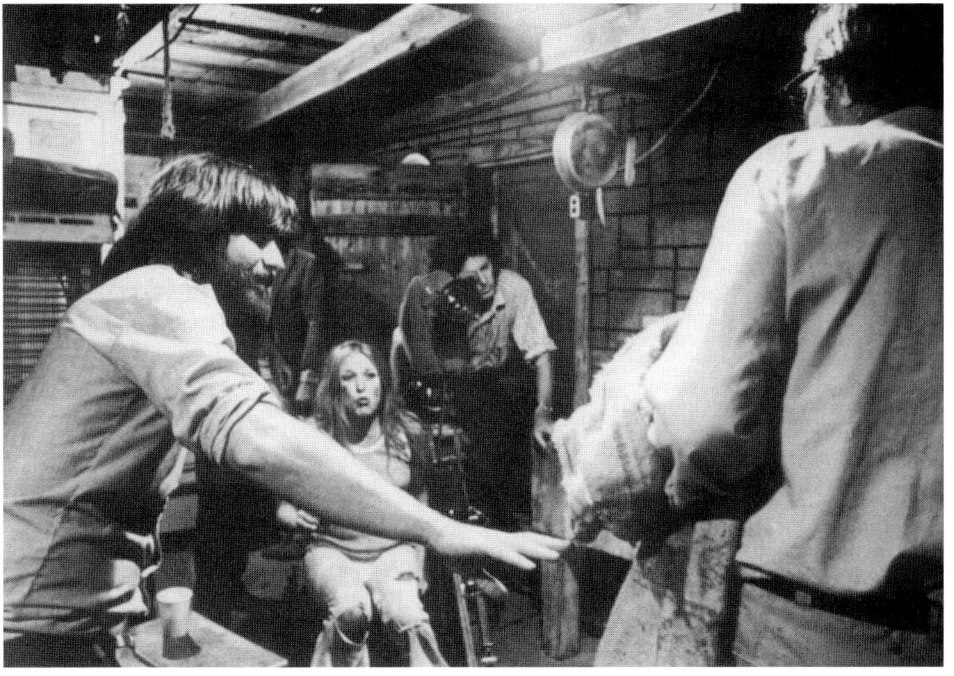

fut jamais distribué. Selon Tobe Hooper lui-même, *Eggshells* serait une succession inachevée d'effets visuels psychédéliques, tentant de simuler une vue subjective d'un trip LSD. Hooper le considère comme son "*art film*" et le décrit comme une expérience « *utile parce qu'elle m'a appris que vous ne pouvez pas travailler dans cette industrie à moins de faire des films commerciaux.* [27] » L'intérêt de ce film, que nous n'avons pas pu voir, dit également le goût de Hooper pour la forme expérimentale, non-narrative, qui irriguera de bout en bout son film suivant, *The Texas Chainsaw Massacre*. Un livre ne suffirait pas à évoquer la genèse chaotique du film qui nous occupe. Une genèse parsemée de coups durs, de désillusions et d'arnaques multiples. Incertaine, éprouvante, malsaine pour certains, la production, les conditions de tournage et la distribution du film furent pour la plupart des membres de l'équipe (des acteurs aux techniciens) un véritable cauchemar, au moins jusqu'en 1982, date de sa réédition américaine en salles. Tout commence au début des années soixante-dix, alors qu'un vent de création souffle sur l'industrie du cinéma à Austin, Texas. Le gouverneur Preston Smith, propriétaire d'une chaîne de salles de cinéma, crée en 1971 la Texas Film Commission dont la vocation essentielle a pour objectif de dynamiser la production de films dans son état. Parmi les nombreux candidats qui postulent pour entrer dans la commission, on retrouve un certain Bill Parsley, (futur producteur exécutif de *The Texas Chainsaw Massacre)*, Marilyn Burns, une jeune actrice de vingt et un ans (future interprète de Sally

27 Cinefantastic, *op, cit. p. 39.*

Hardesty[28]) et enfin Warren Skaaten, que Tobe Hooper fréquenta sur les bancs de l'Université du Texas. Skaaten est nommé directeur exécutif de la commission. Le script, co-écrit par Kim Henkel et Hooper est rédigé en six semaines. Le tournage débute le 15 juillet 1973 et s'achève six semaines plus tard dans une ferme isolée sur Quick Hill Road, près de la petite ville de Round Rock, Texas. Warren Skaaten trouve le titre définitif du film : *The Texas Chainsaw Massacre.*

L'une des premières personnes que Hooper et Henkel contactent pour le financement est tout naturellement Warren Skaaren. Bill Parlsley, directeur des affaires publiques de la Tech Université de Lubbock au Texas, investit de l'argent dans le film à hauteur 60000 dollars en échange de quoi, sa société, la MAB Inc. acquiert 50 % du film et des bénéfices qu'il engendrera. Pour le restant du budget, Hooper et Henkel créent une corporation qu'ils appellent Vortex Inc. [29], regroupant la plupart des acteurs et des techniciens du film. Des acteurs aux techniciens, tous les membres de l'équipe du film (une vingtaine au total) acquièrent des points dans la compagnie Vortex et acceptent de retarder le paiement de leur cachet, une fois le film vendu. Parmi les autres "donnateurs", on trouve un avocat d'Austin (Robert Kuhn), la sœur de Kim Henkel et un certain Richard Saenz (vendeur notoire de marijuana), crédité au générique comme producteur associé et dont la participation s'élève à mille dollars.

Le film, qui comporte 1 500 plans, sera tourné en 16 mm puis gonflé plus tard en 35 mm pour un budget global de 300000 dollars. Dottie Pearl, alors étudiante en anthropologie à l'Université du Texas et auteur d'un documentaire sur les réserves Navajo, se chargea du maquillage. « *Ce fut horrible,* raconte-t-elle. *Il faisait entre 40 et 42 ° chaque jour, avec 98 % d'humidité, un soleil brûlant, des insectes, des moustiques, des fourmis, des conditions de travail extrêmement réduites, des toilettes pour 40 personnes, peut-être une douzaine de techniciens effectuant le travail d'une équipe de 50 personnes. Un jour, nous avons dû tourner 22 heures d'affilée avec un seul repas. Ce fut tellement éprouvant, physiquement si atroce, qu'il est difficile de le décrire.* » Robert A. Burns, nommé directeur artistique du film chercha à travers tout le Texas des kilos d'os et d'animaux morts laissés dans les champs par les fermiers, afin de décorer l'intérieur de la maison maudite. « *L'auto-*

28 Notons qu'aucun des acteurs du film ne fit carrière. Marilyn Burns interprétera notamment Linda Kasabian, l'une des disciples de Charles Manson dans l'adaptation télévisée produite par Lorimar du livre Helter Skelter. Elle obtiendra ensuite le rôle féminin principal du Crocodile de la mort (Eaten Alive, *1976) du même Tobe Hooper. En 1984, elle fera une apparition dans* Future-kill, *une série Z réalisée par Ronald W. Moore. Gunnar Hansen (Leatherface) reprendra son rôle dans une parodie érotique de* The Texas Chainsaw Massacre *signée par Fred Olen Ray en 1988 :* Hollywood Chainsaw Hookers.

29 Au sein de Vortex, la présidence revient à Kim Henkel et la vice-présidence à Tobe Hooper.

stoppeur se considère comme un artiste, explique Hooper. *Pour décorer la demeure familiale, il utilise des matériaux qui sont à sa disposition : des os, des lambeaux de peaux. C'était d'ailleurs ce que faisait le véritable tueur* (Ed Gein, Nda). *Mon décorateur était devenu presque aussi fou que lui. Il se montrait si possessif envers ces objets macabres que nous nous sommes demandés s'il n'oubliait pas que tout cela ne servait qu'à tourner un film… Nous avions importé des Indes d'authentiques ossements humains et nous avons déniché une grande boîte de vraies dents à Los Angeles.* » Après *The Texas Chainsaw Massacre*, Robert A. Burns se spécialisera dans les films d'horreur (on lui doit notamment le squelette du loup-garou dans *The Howling* de Joe Dante, 1981). Si les conditions de tournage furent terribles pour la plupart des acteurs, les relations entre eux se détériorèrent rapidement. Gunnar Hansen, qui interprète le rôle de Leatherface, avait décidé en accord avec Tobe Hooper, de ne jamais adresser la parole aux autres acteurs afin, déclara-t-il, de conserver son aura délétère. « *Pour conditionner les acteurs,* se souvient Hooper, *je hurlais entre les prises, je renversais et brisais des objets comme sous l'emprise d'une colère permanente. Cela a permis de créer une ambiance de violence propice à l'établissement d'une at-*

mosphère particulière dans le film. L'actrice principale fut blessée plusieurs fois (...). Un médecin a dû la surveiller pendant tout le tournage. Elle avait une cheville considérablement enflée, ses genoux étaient couverts de plaies et, dans la poursuite finale, elle s'enfonça dans la poitrine un grand nombre d'épines. Elle était au bord de la dépression nerveuse. Mais le plus grand danger était la tronçonneuse. Sous son masque, l'acteur qui la manipulait ne voyait presque rien et pouvait se blesser (...). Tout le monde a été blessé d'une façon ou d'une autre durant le tournage. Le dernier jour, j'étais le seul indemne lorsqu'un plancher pourri s'est effondré sous moi. Mais le pire était la puanteur des os dont nous avions tapissé la maison sous les projecteurs.[30] » Mais au milieu du tournage, le budget s'épuise. Hooper, Skaaren, Henkel et Parlsey partent à la recherche de nouveaux investisseurs. Parmi ceux-là, plusieurs notables texans constituent le groupe PITS et acceptent contre 19 % des parts de Vortex, de verser les 23 500 dollars qui permettront le bouclage du tournage. Au total, celui-ci se déroula sur trente-quatre jours.

En août 1974, en compagnie de Ron Bozman et de Warren Skaaren, Tobe Hooper tente de vendre à la distribution une "exploitation movie" qu'il vient d'achever, *The Texas Chainsaw Massacre*, basé sur un concept simple (un groupe de jeunes adolescents traversant le Texas, tombe entre les griffes d'une famille de dégénérés qui leur font subir les pires sévices). Mais le film ne trouve pas de preneur. En dépit de leurs innombrables démarches, ils essuient les refus successifs de la plupart des majors companies. Personne ne veut du film. « *Nous l'avons projeté à de nombreux responsables de studio,* explique Warren Skaaren : *Crown International, Fox, Warner Bros., même Universal. Or à chaque fois, chacun nous répondait : C'est le pire morceau de merde que j'ai jamais vu. C'est tout simplement abominable. Et le pire, c'est qu'à la fin, nous-mêmes étions embarrassés.*[31] » Columbia Pictures fut le seul studio à faire une offre (25 000 dollars), mais quelques jours plus tard, le siège de New York visionne le film et annule la proposition. C'est alors que Louis Peraino, président de Bryanston Distributors, entre en scène. Devenu multimillionnaire grâce au film *Gorge Profonde (Deep Throat)* qu'il a financé, produit et distribué, Peraino a fondé sa propre maison de distribution, Bryanston Pictures. Il fait alors une offre de 200 000 dollars afin d'acquérir les droits du film. Bozman et Skaaren, les directeurs de production du film, partent à New York pour conclure le marché. Après de courtes négociations, ils obtiennent alors un contrat de 225 000 dollars (qui servira essentiellement à payer les techniciens et les acteurs) et 35 % des bénéfices sur les profits engrangés par le film pour sa distribution mondiale. Lors de sa sortie américaine en 1974, le film reçoit un accueil public excellent et une volée de critiques extrêmes. Stephen Koch dans le numéro de novembre 1976 de la revue *Harper* écrit : « The Texas Chainsaw Massacre *n'est qu'un exécrable petit morceau de merde... C'est un film dans lequel on ne trouve absolument rien à recommander : rien, si ce n'est un mélange hystérique, imbécile et bâclée de cannibalisme,*

30 In Cinefantastic, *n° 1.*

31 Les propos cités sont tirés d'un numéro double que la revue américaine Cinefantastique *consacra en partie à* The Texas Chainsaw Massacre *en octobre 1986 (Vol. 16, n° 4 & 5). L'article, écrit par Ellen Farley et William K. Knoedelsede, Jr a servi de base à cette partie. Il évoque la genèse quasi complète du film et parut une première fois en septembre 1982 dans le* Los Angeles Time *sous le titre* The Real Texas Chainsaw Massacre, *p. 24. Je remercie tout particulièrement David Matarrasso pour m'avoir procuré cette référence.*

de vaudou, d'astrologie, de cultes hippy divers, et une violence sadique acharnée aussi extrême et hideuse que seul un total manque d'imagination pouvait produire. » Pour Linda Gross du *Los Angeles Time* le film est qualifié « *d'ignoble,... un usage abusif et dégradant de pellicule et de temps.* » Le film sort dans un parc de deux cents cinémas dans le seul état du Texas. « *Nous l'avons traité comme s'il s'agissait d'*Autant en emporte le vent. *Et ce fut un grand coup* », raconte Fred Biersdorf, le responsable de la société Bryanston à Dallas.
Le film engrangera 602 000 dollars de recettes en à peine 4 jours d'exploitation et vingt millions de dollars en deux ans. Mais en 1976, Bryanston Pictures, la société distributrice, s'évanouit dans la nature avec l'argent et vend les droits d'exploitation du film à des distributeurs inconnus. Une guerre judiciaire de plusieurs années s'engage. Hooper, Bozman, Skaaten, ainsi que les membres de l'équipe technique du film ne toucheront jusqu'en 1982 que 20 000 dollars. Ce n'est qu'en 1981, soit sept ans après sa première exploitation en salles, que *The Texas Chainsaw Massacre* commença à rapporter de l'argent à ses auteurs. Le film ressort alors sur les écrans sous l'égide de la New Line et génère sur le seul territoire américain plus de 6 millions de dollars de recettes.

Depuis 1975, le film fut distribué dans quatre-vingt-cinq pays. En 1982, Charles Band, président de Wizard Video acquiert les droits de l'exploitation vidéo du film pour 200 000 dollars, le prix le plus élevé jamais payé pour un film indépendant. À New York, le musée d'Art Moderne achète le film et l'intègre à sa *study collection,* intronisant *The Texas Chainsaw Massacre* au Panthéon de l'histoire du cinéma. Après cinq ans d'interdiction, le film de Tobe Hooper sortira sur les écrans français le 5 mai 1982, sous le titre *Massacre à la tronçonneuse.*

« Le film que vous allez voir relate la tragédie que vécut un groupe de cinq jeunes gens, en particulier Sally Hardesty et son frère invalide Franklin. Cette histoire est d'autant plus tragique qu'ils étaient jeunes. Mais, eussent-ils vécu très très longtemps, qu'ils n'auraient pu s'attendre ni même souhaiter voir une telle débauche de folie et de macabre à laquelle ils assistèrent ce jour-là. Pour eux, une balade par un après-midi d'été idyllique devint un cauchemar. Les événements de cette journée devaient mener à la découverte de l'un des crimes les plus bizarres des annales de l'histoire américaine, The Texas Chainsaw Massacre. »

Carton d'ouverture de The Texas Chainsaw Massacre, Tobe Hooper, 1973. [1]

2 Origines

Un film buvard

En filigrane de ce texte introductif lu sur un ton sentencieux par John Laroquette, Tobe Hooper désigne dès le début la double nature du récit à venir : d'un côté un statut vériste presque documentaire *(« le film que vous allez voir »*, son inscription dans l'histoire américaine), et de l'autre, un renvoi au cauchemar (et à la forme du conte de fées : Il était une fois cinq jeunes adolescents...). Deux modes de fiction qui ne cesseront d'investir le cinéma américain des années soixante-dix : le cauchemar [2], comme envers naturel de l'*american dream*, et l'effet documentaire, censé rendre compte par tous les moyens possibles d'une réalité dégradée, transmise à longueurs d'ondes par la télévision. Au début du film, tandis que le van traverse la route des anciens abattoirs, Franklin raconte à ses amis comment, à l'époque de son grand-père, on tuait les bêtes. À ce moment, un insert en gros-plan d'une tête de porc bavant, s'intercale dans le découpage. On voit ici

1 *« The film which you are about to see is an account of the tragedy which befell a group of five youths, in particular Sally Hardesty and her invalid brother, Franklin. It is all the more tragic in that they were young. But, had they lived very, very long lives, they could not have expected nor would they have wished to see as much of they were to see that day. For them an idyllic summer afternoon drive became a nightmare. The events of that day were to lead to the discovery of one of the most bizarre crimes in the annals of American history,* The Texas Chainsaw Massacre. »

2 « J'ai construit le film selon une logique de cauchemar, dit Tobe Hooper. *Dans le film, la frontière entre le cauchemar et la réalité est en effet indiscernable. Il n'y a pas différents niveaux de réalités qui s'enchâsseraient verticalement (rêve, hallucination, souvenir), puisqu'ici, tout le refoulé est déjà remonté à la surface (le refoulé de l'Histoire, des personnages, du Texas) et visible. On pourrait dire du film de Hooper ce qu'écrit T. Jousse des films de Luis Buñuel :* « L'inconscient n'est pas dessous, derrière, caché, il est là, en pleine lumière, à portée de main, même s'il ne se livre que de manière fragmentaire et discontinue ». Buñuel face à ce qui se dérobe *in* Cahiers du Cinéma, *n° 464, février 93, p. 30.* « Les rêves sont une prolongation de la réalité, de l'état de veille, *déclarait Buñuel.* Dans un film, ils n'ont de valeur que si vous n'annoncez pas : "Ceci est un rêve", parce qu'alors le public se dit : "Ah, c'est un rêve, alors c'est sans importance". Cela déçoit le public. Et le film perd de son mystère, de son pouvoir d'inquiéter. » Entretiens avec Luis Buñuel, *in* Cahiers du Cinéma, *op, cit. p. 36.*

l'intrusion d'un mode de narration propre au documentaire. Le plan des bovins est convoqué pour sa valeur illustrative et la voix de Franklin, un court instant, devient celle (off) d'un narrateur.

À l'heure où le pays vit sous perfusion cathodique (les bandes quotidiennes envoyées du Vietnam, celle des émeutes et des assassinats politiques), le principe de transparence, qui avait jusque-là présidé sans faillir à la fiction hollywoodienne, est battu en brèche. Non pas pour lui-même, mais en tant qu'il véhicula des années durant l'idéologie dominante américaine[3] : le droit pour tous à la poursuite du bonheur, inscrit dans la Déclaration d'Indépendance de 1776 (passant bien sûr par un espace à conquérir : l'Ouest qualifié tour à tour de Paradis perdu, de nouvel Éden ou encore Terre promise), mais surtout par la perfectibilité des individus et des structures, auquel le cinéma contestataire de la fin des années soixante apportera un violent démenti. Évoquant le versant idéologique de *Night of the Living Dead*, George Romero déclarait en 1968 : « *Les zombies représentent la réelle* lower class *de citoyens d'un monde monstrueux.* » Il n'est qu'à songer à la fin de *Easy Rider* (Peter Fonda et Denis Hooper tirés comme des lapins par deux paysans en manque de gibier), aux peuplades barbares de *The Hills Have Eyes* (Wes Craven, 1977) à *Deliverance* (John Boorman, 1972) et bien sûr à la famille cannibale de *The Texas Chainsaw Massacre,* pour saisir le surgissement du *redneck* taré et sauvage comme figure soudainement emblématique de l'Amérique des *seventies.* En face de lui, la figure de la Loi s'incarne dans des bandes de milices fascistes *(Night of the Living Dead)*, des individus isolés en lutte contre un système corrompu *(Dirty Harry* de Don Siegel) ou des citoyens modèles basculant dans le lynchage *(The Chase* d'Arthur Penn). À la violence légale et justifiée, celle qui servait autrefois au rétablissement des valeurs de la société bourgeoise face à la menace de l'Autre, on assiste désormais à une violence aveugle, désorientée, omniprésente, parce qu'incapable de répondre à la seule grande question politique des années soixante-dix : contre qui lutter lorsque le virus est à l'intérieur ?

Il ne s'agit pas ici d'instituer le film de Hooper (pas plus qu'un autre, d'ailleurs) en parangon incontestable d'une époque (l'Amérique de la désillusion), d'un genre (le *slasher movie,* pour faire court, qui naîtra cinq ans plus tard avec *Halloween* de John Carpenter), ou d'une économie (le film indépendant rentable et tourné à la va-vite : *Easy Rider* et *Night of the Living Dead* — deux des plus importants succès de la fin des années soixante – l'avaient précédé en 1968) mais de montrer comment *The Texas Chainsaw Massacre* est un film-buvard imprégné par d'innombrables tâches idéologiques, esthétiques et historiques qui marquèrent l'Amérique d'alors[4]. Figuration kaléidoscopique, rugueuse, opposée à

3 Le terme d'idéologie est employé ici dans le sens définit par Althusser, à savoir « un système (possédant sa logique et sa rigueur propres) de représentations (images, mythes, idées ou concepts selon les cas) doué d'une existence et d'un rôle historique au sein d'une société donnée. » *Louis Althusser,* Pour Marx, *Éditions Maspero, Paris, 1966, p. 238.*

4 Il condense également la plupart des figures du cinéma fantastique : le loup-garou (récurrence des plans de pleine lune, les cris de loup de l'auto-stoppeur et de Leatherface au cours du repas), le vampire (le grand-père suçant le doigt de Sally pour se régénérer), Jekyll et Hyde (L'oncle se révèle sa vraie nature une fois la nuit tombée), la Momie (les cadavres momifiés des grands parents et de leur chien conservés au premier étage de la maison), Frankenstein (mais débarrassé de sa thématique prométhéenne) et bien sûr les monstres de Freaks *de Tod Browning.*

l'esthétique lisse et propre d'antan[5], le projet formel de *The Texas Chainsaw Massacre* relève d'une fascination de l'hétérogène (le western, le film d'horreur, le porno soft...), du collage, du mélange, du travail exposé, où s'impriment et se lisent aussi bien les traces des horreurs concentrationnaires et du génocide indien, que les plaies ouvertes par la guerre du Vietnam (le massacre de My-Laï perpétré en mars 1968 ne sera révélé qu'en novembre 1969) et l'assassinat de John F. Kennedy. Il témoigne également d'*une esthétique de la laideur et de l'impureté*, combinant des effets de mise en scène empruntés au docu-drama criminel et une attention extrême portée aux détails de la banalité, du mauvais goût presque (tant dans le choix des décors, des costumes que des situations). Dégradation des figures, altération du support, émergence de matières impropres, *The Texas Chainsaw Massacre* ressemble à un film-laboratoire. Contemporain des films d'Andy Warhol et de Kenneth Anger dont il a retenu la sérialité, une forme de désacralisation et de performance du corps, *The Texas Chainsaw Massacre* ne se contente pas d'exploiter une esthétique de l'instabilité alors en pleine vigueur principalement basés sur des effets de filmages recyclant *grosso modo* le style documentaire (permanence du flou, filmage à l'épaule, approximation des cadrages[6]). Ce que remarquait d'ailleurs Charles Tesson lorsqu'en 1982, il écrivait : « *avec Craven et Hooper notamment, la peur ne se produit plus devant le contenu organisé à cet effet au sein d'un plan, elle se manifeste à travers tous les signaux stylistiques qui restituent, simulacres d'une perte de maîtrise figurée, l'angoisse du filmeur au moment de la prise de vue* »[7]. Seulement chez Hooper, le filmeur a disparu. La caméra est devenue une main jetant sur l'écran la matière des sensations. Ce n'est donc plus l'angoisse du filmeur au moment de la prise de vue, mais la fébrilité de l'expérimentateur au moment de son geste créateur.

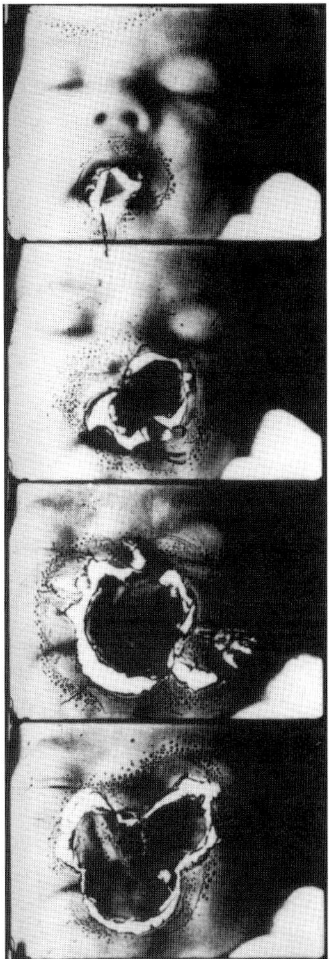

Dog Star Man, *Stan Brakhage.*

À en croire Littré dans son *Dictionnaire de la langue française* (1863), peut être qualifié d'expérimental ce qui est fondé sur l'expérience. Il ne s'agit pas ici de placer le film de Tobe Hooper sous le label de "film expérimental" mais de montrer comment, bien que soumis à

5 *Il n'est qu'à songer à la violence figurative (sang, chair boursouflée, visages tuméfiés) des passages à tabac de Marlon Brando dans* The Chase *d'Athur Penn et de celui de* Scorpio, *le tueur, dans* Dirty Harry *de Don Siegel.*

6 *Rappelons que* Night of the Living Dead *(G. A. Romero) et* The Last House on the Left *(W. Craven, 1972) furent aussi tournés en 16 mm puis gonflés en 35 mm. D'où l'importance du grain, lequel renforce évidemment l'effet documentaire.*

7 *Charles Tesson,* Photogénie de la série B, *Cahiers du Cinéma, 1997, p. 50.*

des impératifs commerciaux, ce dernier propose une *expérimentalisation* du film de fiction. Expérimentation de nouvelles figures, de nouveaux rapports entre l'image et le son, et surtout de nouvelles approches de la matière photographique. « *C'est au cours des années soixante que le film indépendant centre son intérêt non plus sur l'érotique du corps mais sur un autre objet premier de désir: le corps du cinéma lui-même* »[8]. C'est aussi l'époque de l'abstraction chromatique, de l'art minimal et celle d'un cinéma expérimental qui voit l'émergence du mouvement "structurel" et de ses cinéastes phares (Michael Snow, Andy Warhol, Hollis Frampton ou encore Ken Jacobs). Selon Nicole Brenez, le projet d'un film structurel consiste à intégrer au cœur de lui-même des questions d'ordre réflexif (le cinéma devient "méta") en s'inscrivant « *dans un programme d'investigation d'ensemble sur les propriétés et les puissances du cinéma – ou, plus exactement, ainsi que le désigne Sharits lui-même, du "cinématique".*[9] » Qu'il s'agisse des montages par rapports abstraits voire conceptuels de Peter Kubelka, du travail sur la durée effectuée par les films de Warhol et de Michael Snow, des phénomènes d'altération et de retraitement de la pellicule (griffures, tâches, salissures, combustion: *Dog Star Man* de Brakhage), les cinéastes expérimentaux militent, au gré de leurs moyens et de leurs désirs, pour une prise en compte avérée de la texture de la pellicule, de sa chair intime. Or, il apparaît évident que les deux mouvements contestataires majeurs des décennies soixante et soixante-dix (le cinéma expérimental et celui du Chaos) ne pouvaient manquer de croiser leur route, ni d'échanger leurs questionnements. Ce travail sur la matérialité, constant dans le film de Hooper, en apporte une preuve flagrante. Chez ces cinéastes, primeur est donnée à la vision, à la lumière et à la subjectivité du spectateur. Les premières séries d'images du film de Hooper (séquence du cimetière, générique sur fond d'images bichromes indéterminées) sont à prendre comme un véritable manifeste esthétique. Ce qui se joue ici, ce ne sont pas des micro-récits (la deuxième série d'images n'a aucune valeur narrative), mais uniquement des contiguïtés de motifs et de lumière, des rapports de mouvements, des échos de couleurs. Semblable à un *flicker*[10] au ralenti, le prologue n'est qu'une alternance extrême de phases obscures et lumineuses. L'effet produit rappelle les clignotements lumineux de *Arnulf Rainer*[11] (Peter Kubelka, 1957-1960), entièrement fondés des valeurs d'harmonie, de rythmes et de couleurs, ou de *Nothing* (Paul Sharits, 1968), tandis que la bande-son, elle, évoque le bruitisme des futuristes, une petite fabrique de la viande humaine. « *Le cinéma expérimental,* écrit Dominique Noguez, *commence avec la substitution du modèle musical au modèle romanesque et théâtral* »[12]. Le modèle musical de *The Texas Chainsaw Massacre* est la dissonance, le "mauvais" raccord, entre les sons bien sûr, mais aussi entre les plans qui aboutissent à un montage disjonctif. À ce titre, la série de gros-plans sur les yeux de Marilyn Burns à la fin du film constitue un exemple "lumineux" de la contamination du modèle fictionnel par

8 *Annette Michelson,* Situation américaine: les années 60-70 *in* Peinture, cinéma, peinture. *Hazan, 1989, p. 260.*

9 *Nicole Brenez,* De la figure en général et du corps en particulier, *DeBoeck Université, 1999, p. 390.*

10 *Effet de clignotement.*

11 *Film uniquement constitué de photogrammes blancs et noirs.*

12 *Dominique Noguez,* Éloge du cinéma expérimental, *Paris Expérimental, 1999, p. 36.*

le modèle expérimental. « *Donnons de l'espace en plus, des moments sans rien, des sons immotivés – voilà la subversion expérimentale.*[13] »

Philippe Rouyer, dans son essai consacré au gore au cinéma, rapporte les propos d'Arthur Penn qui, au cours de la tuerie finale de *Bonnie and Clyde* (1967) avait choisi de montrer un "morceau de la tête" de Clyde sauter sous le choc, « *comme dans cette fameuse photo de l'assassinat de Kennedy*.[14] » Tourné à l'aide d'une caméra 8 mm par un certain Abraham Zapruder, ce film, d'une durée de vingt-six secondes, fit le tour du monde. Or qu'y voit-on exactement ? la voiture présidentielle avec à son bord le couple Kennedy, le gouverneur du Texas et sa femme, filmée en panoramique et en plan séquence sur Elm Street. L'image est granuleuse, sale, presque floue et d'une violence inouïe. Lorsque le président est touché à la tête, quelque chose s'en échappe. Jackie Kennedy se précipite alors à l'arrière du véhicule afin de récupérer ce bout de crâne qui a giclé sur le capot. Nous sommes le 23 novembre 1963 et quelques heures plus tard, le président des États-Unis sera déclaré mort à l'hôpital Parkland de Dallas, Texas. En ce jour de novembre 1963, la nation

13 Dominique. Noguez, op, cit. p. 37.

14 Entretien avec Jean-Louis Comolli et André S. Labarthe, Cahiers du Cinéma n° 196, décembre 1967, cité par P. Rouyer in Le Cinéma gore, une esthétique du sang, *Éditions du Cerf, Collection 7ème Art, Paris, 1997, p. 43.*

américaine reçut de plein fouet le premier d'une longue série de cauchemars. En 1984, Wes Craven le signalera à sa façon avec *Nightmare on Elm Street* (sorti en France sous un titre bien moins évocateur *Les Griffes de la nuit*). On imagine sans peine l'impact qu'ont pu avoir à l'époque les images de Dallas. En 1965, 93 % des foyers américains sont équipés d'un poste de télévision. « *Ce qui compte (...) c'est que les Américains passent 5 heures et demi en moyenne devant leur poste,* écrit André Kaspi. *Pour eux, la réalité est d'abord télévisuelle. L'événement n'existe que s'il est reproduit sur le petit écran. Rien de ce qui fait l'actualité de 1968 n'a échappé à la télévision, ni la guerre du Vietnam, ni les émeutes d'avril et de mai, ni l'agitation sur le campus de Columbia ni les violences de Chicago.*
La télévision sert de relais. Elle unit les citoyens d'une nation dans un même spectacle (...). Elle renvoie au pays sa propre image. [15] » On peut émettre l'hypothèse que les images de Zapruder, associées aux bandes d'actualité quotidiennes qui introduisaient dans les foyers les atrocités de la guerre au Vietnam [16], ont considérablement marqué l'imaginaire collectif américain au point de réapparaître quelques années plus tard sur les écrans de cinéma. Nul doute dès lors, que la représentation de la violence ne pouvait faire l'économie de ce que des millions de téléspectateurs avaient vu et découvraient chaque jour. Un nouveau statut de l'image était né. Pourtant peu enclin au cinéma documentaire, le cinéma américain absorba et recycla cette esthétique télévisuelle du reportage sur le vif (grain, effet de flou, mouvements de caméra abrupts et approximatifs...), et surtout une forme de laideur dont le film de Zapruder portait les principaux stigmates : texture sale, granulosité importante, filmage sur le vif et horreur organique.

Rapporté par André Kaspi, ce témoignage d'un capitaine des marines après les combats de Hué (offensive du Têt), dit tout de cette esthétique du chaos qu'absorbera le cinéma américain des années soixante-dix : « *J'eus l'impression que tout était dévasté. Il y avait des chars et des camions calcinés, des voitures renversées qui brûlaient encore. Partout gisaient des cadavres, pour la plupart des civils. La fumée et la puanteur se mêlaient. On se serait crû dans un film d'épouvante – la musique étrange en moins. On avait l'impression qu'il pouvait à tout moment se passer quelque chose, qu'ils allaient sortir des maisons et se mettre à nous tirer dessus de tous côtés (...). Et la puanteur !, on en sentait le goût dans les rations, comme si on mangeait de la mort.* [17] »

Rappelons enfin qu'à l'issue de plusieurs années de procédure, d'enquêtes, de contre-enquêtes, de rapports et d'innombrables hypothèses, personne ne sait encore l'identité du (ou des) auteurs du meurtre de JFK. De la même façon, la signature des accords de Paix qui mit fin à la guerre du Vietnam en 1975, laissa le peuple américain dans l'expectative. Autrement dit, les deux événements majeurs qui secouèrent l'Amérique des années soixante butèrent sur un problème de sens : pour quelle raison Kennedy, surnommé par André Kaspi « *le Superman de la politique américaine* », fut-il assassiné ? Pour quelle raison de jeunes

15 André Kaspi, L'Année 1968, *Éditions Complexes, p. 171.*

16 En 1967, CBS, NBC et ABC dépensèrent 5 millions de dollars pour couvrir la guerre. Tous les soirs, entre 18 heures et 18 h 30, les reportages diffusés présentaient la même image de la guerre : cadrage chaotique, caméra embusquée sursautant au son des bombes et scènes violentes.

17 Cité par André Kaspi, op, cit, p. 23.

citoyens américains sont-ils allés combattre et périr pour certains à des milliers de kilomètres de chez eux ? L'Amérique des années soixante et soixante-dix plongea dans l'ère du doute, de la suspicion et du sens manquant, ce que le cinéma traduira en exploitant dans ses fictions le sentiment d'absurdité [18].

La "bizarrerie" des événements à laquelle le texte d'ouverture du film fait allusion renvoie à une mise en échec de la logique et de la rationalité. Elle signale l'impossibilité d'assigner un sens à cette tragédie. Si l'on souhaite croire Sally lorsqu'elle déclare au milieu du film *"everything means something"*, l'expérience du film nous prouvera le contraire : aucune explication ne viendra nous soulager du poids de l'horreur subie. Le film de Hooper multiplie les signes et les indices, mais, et c'est le pire, il ne leur donne jamais aucun contenu rationnel. Qu'il s'agisse de Franklin (qui n'en finit pas d'émettre des hypothèses sur la vengeance de l'auto-stoppeur, de s'interroger sur le sens de la marque tracée sur le van), de Sally (qui implore ses tortionnaires de lui donner une explication), de Pam (qui rabat le sens du monde aux positions des astres) ou encore des bulletins radiophoniques (qui vont jusqu'à imaginer l'existence farfelue d'une vaste organisation de trafic de bijoux, pour expliquer les profanations de tombes), tous témoignent d'une envie frénétique de sens. L'effet est acceptable si on peut en déterminer la cause. À la maîtrise d'antan, à la compréhension claire des enjeux narratifs et thématiques, *The Texas Chainsaw Massacre* substitue un jeu de possibles, d'imprévus, d'événements disjoints incapables de s'inscrire dans une grande chaîne causale et narrative. C'est l'absurdité d'une époque portée à son zénith : une sensation de désordre, de perte de contrôle et la grande question paranoïaque posée par les scandales de l'époque : qui tire les ficelles ? Commentant les effets de la guerre du Vietnam, Pierre Mélandri écrit : celle-ci « *laisse planer sur les étudiants le spectre d'une mort absurde pour une cause qu'ils condamnent.* »

L'engagement de l'Amérique au Vietnam date de la fin des années cinquante. Selon le principe de la théorie des dominos et pour préserver la liberté du Monde Libre, les États-Unis envoient quelques milliers de conseillers militaires. Pas ou peu informée, la population américaine n'a alors que faire de Diem et du conflit asiatique. Mais celui-ci se prolonge et dès le début des années soixante, l'armée américaine s'embourbe au Vietnam. Ne connaissant ni la culture, ni la langue, ni le pays, les jeunes G. I.'s de

18 Derrière le masque paisible et conquérant d'une Amérique de conquête (David Crockett), se profile une Amérique du mal, du danger (Leatherface). L'assassinat de Kennedy eut donc pour effet premier de lézarder l'image de l'Amérique. À propos de l'assassinat de JFK, le New Yorker *écrivait :* « Par sa mort, il a semblé incarné la force de la Raison elle-même, abattue par les sauvages et incontrôlables du Chaos. » *Cité par A. Kaspi,* Les Américains, *tome 2.* Les États-Unis de 1945 à nos jours, *Points, Histoire, Éditions du Seuil, 1986. Il y a non seulement la soudaineté de l'événement, l'espoir qu'avait fait naître Kennedy, et son statut mythique qu'il acquiera et surtout, la sensation sourde d'une enquête fleuve, accréditant la théorie du complot, probablement le fait d'une volonté politique intérieur au système (hypothèse d'Oliver Stone dans* JFK *: action concertée du FBI et de la CIA pour contrecarrer la décision de retraits des troupes américaines engagées au Vietnam), des institutions elles-mêmes qui avaient annihilé l'espoir d'un peuple. Le Watergate achèvera de jeter l'opprobre sur l'état. Si l'assassinat avait mythifié la fonction présidentielle, si le Vietnam l'avait fait vaciller (on nous ment), le Watergate la mettre définitivement à terre. Avec l'état, c'est l'idéologie américaine dans son ensemble qui s'effondre. C'est dans ce contexte précis que s'inscrit le film de Tobe Hooper, qualifié par Kim Henkel, son coscénariste, de commentaire de la "morale schizophrénique de l'ère du Watergate".*

l'Amérique profonde se transforment en chair à canon. Ce qui devait être une guerre éclair tourne peu à peu à la débandade. En 1968, 530 000 marines s'enlisent dans les lisières vietnamiennes. Le 30 janvier de cette même année, le jour de la fête du Têt, les communistes lancent 70 000 hommes contre une centaine de villes du Vietnam du Sud. Devant les caméras de télévision du monde entier, ils tiennent tête des heures durant à la première puissance mondiale. Deux mois plus tard, l'opinion américaine accuse le choc : un sondage révèle que 78 % des Américains considèrent que les États-Unis sont enlisés au Vietnam. L'enjeu de la guerre leur échappe et ne mérite pas les moyens déployés. Le reste appartient à l'histoire : au printemps 1975, les dernières troupes américaines quittent Saïgon offrant au monde le spectacle d'une défaite cinglante. 57 000 morts et 300 000 blessés. Le Vietnam est réunifié. En 1984, C.D.B. Bryan a défini ce qu'il appelle un « *Generic Vietnam War Narrative* », soit « *the gradual deterioration of order, the desintegration of idealism, the breakdown of character, he alienation from those at home, and finally, the loss of all sensibility save the will to survive.* [19] » Analyse que reprend et radicalise Gilbert Adair lorsqu'il écrit en 1989 : « *tous les films américains réalisés pendant la décade 1965-1975 reflétaient*

19 C.D.B. Bryan, Barely Supressed Scream : Getting a Bead on Vietnam Literatur, *in* Harper's, *June 1984, p. 67-72 cité par André Muraire,* Le Vietnam dans le cinéma américain *in* L'Opinion publique américaine devant la guerre du Vietnam, *Frontières, Presses de l'Université de Paris-Sorbonne, C.E.D.R.I.C, n° 2, p. 153.*

directement ou indirectement certains aspects de la politique de maquillage des États-Unis et par conséquent, sont instructifs au débat[20] *»*, pour Sumiko Higashi par exemple, *Night of the Living Dead* de George Romero est « *un film d'horreur sur les horreurs de la guerre du Vietnam.*[21] » Il est clair que l'opinion américaine, bombardée de reportages quotidiens dressant le portrait d'une armée composée de jeunes de plus en plus incontrôlables, a développé très tôt une peur du Vietnam vet : asociaux, aliénés, psychotiques, vulnérables, junkies, radicaux, individus atteints de PTSD *(Post Traumatic Stress Disorder),* les marines combattant sous la bannière étoilée constituaient, à leur retour, de véritables bombes à retardements. Ce sentiment de paranoïa inerva une grande partie des films de l'époque (voir *Taxi Driver, Apocalypse Now, The Deer Hunter* jusqu'à *Jacob's Ladder, Rambo* ou encore *The Texas Chainsaw Massacre 2).* Toutes les caractéristiques du *Generic Vietnam War Narrative* relevées par C.D.B. Bryan conjuguées aux multiples fractures qui touchèrent l'Amérique des années soixante-dix, forgèrent l'image d'un monde basculant dans la folie et l'irrationnel. À cet égard, il faut voir *The Texas Chainsaw Massacre,* l'absurdité de son récit, sa galerie de personnages psychotiques, sa nature hostile et oppressante, comme l'émanation à peine déguisée de cette période chaotique.

« Mon père était du pays ! »

Franklin

En choisissant d'intégrer au titre du film, l'état du Texas, Hooper renforce l'aspect documentaire du film (cela s'est passé ici, un second carton nous précise même la date : 18 août 1973) mais il ancre aussi très fortement son film dans une réalité américaine[22]. Christopher Sharrett insiste très justement sur le choix du Texas, comme « *un état nourri de folklore et d'éléments fondateurs, de l'expérience de la frontière : la bataille d'Alamo, Davy Crockett, la conduite du bétail, la* frontier justice *et les guerres indiennes* »[23]. Mais le Texas de Hooper est assimilé à un champ de ruines, un espace poubelle qui aurait accumulé à sa surface les signes du passé, et laissé sur la route les déchets de son Histoire. Cette impossibilité à digérer le passé indique le faible degré de civilisation de ses habitants (la civilisation comme capacité d'introjection) ou, plus exactement, une forme de retour à la barbarie dans lequel ils se sont engagés (le film est du côté du préconscient, du prénommal[24]). Ce poids mort du passé qui, comme l'a noté Robin Wood, s'incarne aussi dans ces ciels plombant qui annihilent l'avenir de ces jeunes adolescents.

20 Gilbert Adair, Hollywood's Vietnam, *London Heineman, 1989, p. 4.*

21 In From Hollywood to Hanoi, *Ed. Linda Dittmar & Gene Michaud, Rutgers University Press, 1990.*

22 Le titre évoque également deux événements importants de l'histoire américaine : « The *Saturday Night Massacre* et *The Boston Massacre,* célèbre journée de la guerre d'indépendance. »

23 Christopher Sharrett, The Idea of Apocalypse *in* The Texas Chainsaw Massacre *in* Planks of Reason, *Edited by Barry Keith Grant, The Scarecrow Press Inc., p. 270.*

24 Voir la difficulté avec laquelle s'expriment les membres de la famille et Leatherface en particulier, tout juste capable d'émettre des borborygmes.

Dans l'esprit de l'Amérique des décennies soixante et soixante-dix, le Texas, état à forte tradition républicaine, restera le lieu où le plus populaire des présidents des États-Unis, fut assassiné. Mais il évoque également la conquête de l'Ouest. À cette époque, le Texas fut en effet le plus important espace de transit des troupeaux de bétail. *The Texas Chainsaw Massacre,* avec ses abattoirs abandonnés, son atmosphère putride, ses bovins agonisants, son évocation des anciennes techniques d'abattage (unique sujet de la conversation entre l'auto-stoppeur et Franklin dans le van) ne cessent de nous rappeler que les membres de la Famille n'ont pas émergé *ex nihilo « dans les environs de Forthworth »*, mais sont les produits de traditions ancestrales et d'activités perpétrées depuis des générations. La tragédie évoquée dans le carton d'ouverture, est avant tout une tragédie américaine, qui *s'origine* dans une l'histoire du pays, sa culture, son idéologie. « *Ce sont les anciens abattoirs,* explique Franklin à ses amis au début du film. *C'est là où grand-père venait abattre ses bêtes. On a eu un oncle qui a fait ce boulot dans les environs de Forthworth* ». Ce à quoi l'auto-stoppeur lui répond quelques minutes plus tard : « *Toute ma famille a toujours travaillé dans la viande* » ; signalant d'un seul coup la communauté de culture et de mémoire entre tous les personnages du film. Nul doute que les arrières grands-pères de Leatherface et de Sally étaient des cow-boys modèles, icônes d'une Amérique conquérante, acheminant leurs bêtes à travers les plaines du Texas. Ensemble peut-être[25]. Mais au fil des décennies, les moyens de transports se sont développés, l'industrie de la viande s'est mécanisée et ses artisans ont disparu. Un siècle plus tard, le film nous montre la descendance de ceux qui ont choisi de rester afin d'honorer les terres et les traditions familiales[26] : une bande de chômeurs dégénérés qui, faute de bovins à occire, s'est reconvertie dans le massacre des humains. Pour Leatherface et les siens, la raréfaction du travail a donné à la viande un statut d'aliment sacré. Désormais, la bête ne nourrit plus son homme, elle lui sert de trophée et devient même un fétiche exposé, de l'*art-work*, auprès duquel on vient se ressourcer[27]. La filiation, son horreur, la longue litanie des origines et d'un passé idéalisé ne cesse de passer par une évocation constante des techniques – massue ou pistolet ? – et des compétences d'autrefois. « *Il ne lui a jamais fallu qu'un seul coup pour tuer. Un jour, il a tué soixante bêtes en cinq minutes* », dit fièrement l'auto-stoppeur de son grand-père. Mais le grand-père, lui, n'est plus qu'une épave, un pantin déliquescent habillé comme un *rich farmer* et conservé dans le grenier de la maison. Du passé glorieux que ses fils et petits fils n'ont de cesse de réactiver, il ne lui reste rien. Juste quelques résidus d'un unique mouvement exécuté des milliers de fois : lever le bras, le baisser. Lever le bras, l'abaisser à nouveau.

On trouvera sans peine d'autres éléments caractéristiques de la culture et du mode de vie américain : la maison de famille dans laquelle on se rend pour les vacances

25 *On comprend ainsi les nombreux liens que tissent le film entre Franklin, notamment, et ses bourreaux. Michel Cieutat remarque que l'agrarianisme (idyllique) fut* « la philosophie économique qui prévalut aux États-Unis à partir de la fin du XVIIIe siècle. » *In* Les Grands Thèmes du cinéma américain, *Les Éditions du Cerf, collection 7ème art,* tome I : le rêve et le cauchemar, *1988, p. 109.*

26 *Voir leur demeure dans le style Nouvelle-Angleterre, signe d'une opulence passée.*

27 *C'est le cas de Leatherface qui dans ses grands moments d'émotion, y retourne toujours.*

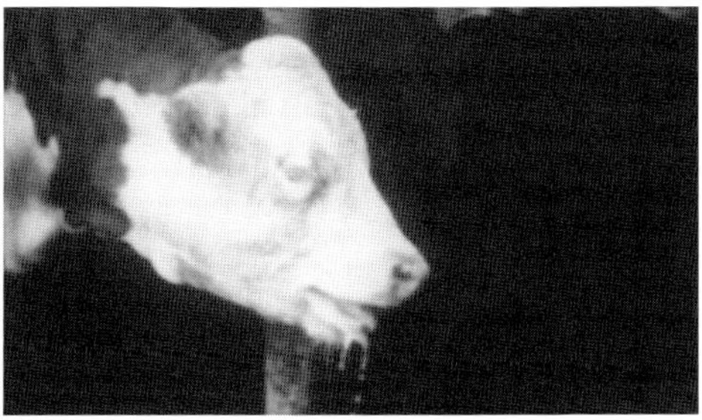

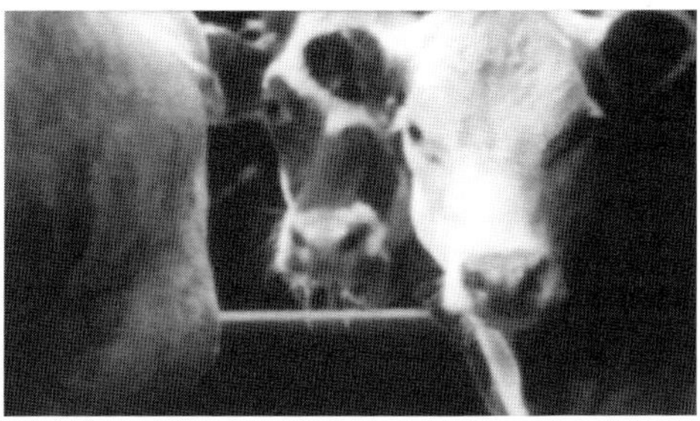

(ici abandonnée), le goût pour les loisirs un peu déviants, bizarres, les couples qui batifolent loin des parents, le *vanning* (mode d'évasion touristique très à la mode dans les années soixante-dix), la petite pompe à essence (véritable icône du paysage rural), les autochtones exotiques (voire dégénérés) du coin, et bien sûr le rappel des métiers qui ont construit le Texas, à commencer par le commerce des peaux et de la viande. On peut par exemple lire le sigle sanglant tracé sur le van par l'auto-stoppeur comme un renvoi au marquage du bétail lors des fameux *roundup*, ces grands rassemblements festifs au cours desquels les éleveurs se réunissaient dans de grandes plaines pour y compter leurs bêtes en les signant. Une marque au fer rouge sur le flanc de chaque bête permettait de distinguer les troupeaux les uns des autres. Le geste de l'auto-stoppeur, qui donnera lieu aux interprétations les plus délirantes, intervient ici comme rémanence d'une pratique ancestrale d'estampillage. Ainsi marqués, les adolescents, comme les bovins autrefois, sont devenus la propriété de la Famille. Le western hante ainsi chaque plan de *The Texas Chainsaw Massacre* : la musique *country* (que diffuse sans interruption les radios locales), l'alcoolique, blason du genre, avachi dans le cimetière et endossant le rôle de l'oracle, le cimetière lui-même, la présence du shérif avec son chapeau de cow-boy, le visage du grand-père (version grotesque du Old Skin Lodge de *Little Big Man* d'Arthur Penn), la maison isolée, une autre désertée, et ce sentiment de *ghost-town* qui empreint le film de Hooper.

La mise en scène, à son tour, ne cesse de porter la nature au premier plan, de l'enraciner dans le cadre, de l'imposer aux personnages comme une mémoire dont il sera difficile de se déprendre. Dès sa première apparition dans le film, le van est relégué à l'arrière plan. Devant nous, une image de la nature mais d'une nature morte (l'armadillo). La plupart des panoramiques qui suivent la progression du van sur les routes du Texas rejettent le véhicule dans le fond du cadre et incorporent au premier plan des éléments typiques voire pittoresques, de la culture texane[28]. Ainsi, lorsque le véhicule arrive au cimetière de Newt, le cadre est obstrué par des habitants (un paysan, une femme vêtue de rouge, des couples d'autochtones) qui s'affairent au premier plan ; plus tard, sur la route des abattoirs, Hooper relègue à nouveau le van dans le fond du cadre, tandis qu'au premier plan, agonisent des batteries de bovins. L'image produite ici ne manque d'ailleurs pas d'ironie : par un effet d'illusion d'optique (le van semble rouler sur les échines des bêtes), Hooper produit l'image d'une idée que le film ne cessera de décliner : l'équivalence (l'interchangeabilité même) entre la viande produite dans les abattoirs et les cinq adolescentes qui s'évanouissent dans la profondeur de champ. Dans la première partie du film (avant l'entrée en scène de Leatherface), la caméra se tient à distance des personnages et du van et inscrit à même le plan les blasons d'une origine, le Texas, et d'un devenir, la viande. À ce titre, la première sortie dans la nature de Kirk et de Franklin résume parfaitement cette prééminence de la nature. Le van s'arrête sur le bas côté de la route pour permettre à Franklin d'uriner. Pour ce faire, ce dernier s'enfonce de quelques mètres au milieu des broussailles, pensant trouver dans cette végétation de quoi s'abriter du regard de ses amis. Cadré de dos, Franklin sem-

28 Lorsque Sally s'enfuit au petit matin, un plan cadré au niveau du sol nous montre Leatherface sortir de la maison. Au premier plan et à droite du cadre, on distingue clairement une vieille plaque minéralogique du Texas. Au début du film, le van disparaît derrière une lignée de poteaux télégraphiques.

ble alors littéralement englouti par les herbes. Soudain, un camion les croise et éclabousse les deux hommes d'une boue qui ressemble à de la merde[29]. Le fauteuil roulant de Franklin dévale un petit monticule et chute. Réponse immédiate et hostile de la nature qui renvoie à son pollueur, sa propre souillure mais en la décuplant. Celle-ci n'a pas attendu Leatherface et sa famille, pour requalifier les corps de ces citadins : recouverts de boue, ils apparaissent déjà comme des déchets. Dans son étude de *The Searchers* (1956), Jean-Louis Leutrat pointait l'ancrage du film de Ford dans la grande tradition des récits américains de captivité[30]. Genre littéraire né au XVIIIe siècle suite à l'arrivée des premiers colons en Amérique du nord, il connut son heure de gloire un siècle plus tard avant d'être réinvesti par le cinéma. Ces récits développaient un même canevas : d'un côté un objet (une jeune femme, blanche le plus souvent, victime de la sauvagerie et de la barbarie indienne) et de l'autre, un sujet (l'homme, son père ou son promis), en quête de la victime et dont le roman racontait l'aventure. L'histoire de *The Texas Chainsaw Massacre* s'inscrit clairement dans cette tradition, mais à quelques différences près. Si, dans le film de Ford, Debbie est traquée sans relâche par Ethan Edwards (John Wayne), Sally, la jeune héroïne du film de Hooper, perdue elle aussi dans le *wilderness* d'une Amérique dégénérée (des Indiens chez Ford, des *rednecks*[31] cannibales ici), ne pourra compter que sur son courage et son opiniâtreté pour échapper aux griffes de cette famille texane. Mais chez Ford, la vie de Debbie parmi les Indiens reste le contrechamp invisible et fantasmatique du récit. Invisible parce que l'on ne verra rien des cinq années au cours desquelles elle deviendra une femme comanche. Fantasmatique parce que l'on se plaît à imaginer les humiliations, les viols, qu'elle a pu subir. Hooper, lui, choisit au contraire, de ne retenir du récit de captivité, que la captivité elle-même. Dans *The Texas Chainsaw Massacre*, on ne trouve pas de héros parti sur les traces des adolescents (il faudra pour cela attendre dix ans et l'arrivée de l'oncle de Sally – Dennis Hopper – pour voir apparaître dans la suite du film son Ethan Edwards à elle) mais Sally, enfermée, moquée et torturée par ses tortionnaires, avant que le hasard, ne la délivre et la ramène au monde, tel qu'elle le connaissait avant.

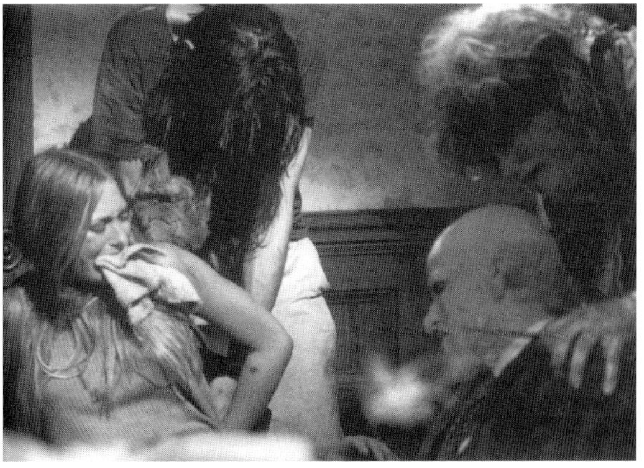

Placé dès l'incipit dans les « *annales de l'histoire américaine* », *The Texas Chainsaw Massacre* dit donc une Amérique désormais incapable de digérer ses dysfonctionnements,

29 L'hypothèse d'une flaque provoquée par une stagnation d'eaux de pluie semble peu probable compte tenu de l'atmosphère caniculaire et sèche du film.

30 Jean-Louis Leutrat, La Prisonnière du désert, une tapisserie navajo. *Adam Biro, Collection Un sur Un, 1990.*

31 Surnom donné aux "ploucs" de l'Amérique profonde.

d'enterrer ses morts. L'heure est à la Grande Exhumation, à l'image de Hitchiker, l'auto-stoppeur du film, déterrant dès les premiers plans, les cadavres putréfiés d'un cimetière. Alternance de lumière aveuglante et d'obscurité, *The Texas Chainsaw Massacre* s'ouvre sur des images d'yeux torves et de cadavres en lambeaux, plaçant d'emblée le film sous le signe du fragment et de la saleté, constante formelle majeure du cinéma américain des années soixante-dix, que l'on retrouve aussi bien chez Hellman, Peckinpah, Siegel, Aldrich, Craven et Sarafian. Sans oublier Alfred Hitchcock, dont les deux derniers films *(Frenzy*, 1972 et *Family Plot,* 1976) jugés à tors encombrants (inclassables) par les exégètes du cinéaste, auront anticipé et accompagné de façon inouïe cette nouvelle esthétique de la banalité et de la laideur. À l'instar de John Carpenter, qui fera d'un phare côtier la métaphore d'une mise en lumière d'un passé coupable *(The Fog),* Tobe Hooper ouvre son film sur le déterrement d'une histoire. S'il apparaît alors autant fasciné par la profondeur, c'est que, nous le verrons plus loin, le cinéma américain des années soixante-dix reconsidère son espace verticalement.

En ces temps de doute et de désillusions, il s'agit donc d'exhumer ces cadavres trop vite enterrés. Enfouis depuis longtemps dans l'esprit-socle de la nation américaine, ceux-ci présentent alors un autre visage, putréfié, déliquescent, bien loin de l'image d'Épinal sur laquelle est basée l'idéologie américaine. Le corps ainsi formé par l'auto-stoppeur apparaît alors à la faveur d'un lent travelling arrière, en légère contre-plongée, mimant de façon parodique tous ces symboles immuables de l'Amérique de Jefferson : il est loin le temps où l'on la statue de la liberté tenant dans ses mains la déclaration d'indépendance sur Ellis Island toisait ceux qui la contemplait *(America* d'Elia Kazan), où l'effigie imposante de Lincoln en plein cœur du Capitole à Washington était filmée avec la déférence envers un symbole intouchable (dans *My Son John* de Leo McCarey – 1952 – la mère d'un fils indigne, accusé d'accointance avec le communisme rencontre un agent du FBI et vient se ressourcer devant le mémorial Jefferson à Washington), l'Amérique des années soixante-dix construit de nouveaux symboles et érige ses propres emblèmes. Le totem qui ouvre *The Texas Chainsaw Massacre* parodie certes le retour à une terre adamique mais devient surtout l'image du devenir-pourriture du tissu social et politique américain. Il incarne le corps corrompu sur lequel l'Amérique s'est fondée, citant au passage la fondation de Rome revue par Luis Buñuel dans *L'Âge d'or,* avec les cadavres pourrissants de ces évêques agglutinés à la première pierre de la ville. Il faut alors voir le trajet parcouru entre le mythe pastoral et agraire qui irradiait les films sudistes de Griffith à l'Amérique rurale et dégénérée de Hopper, Boorman, Peckinpah, Sarafian et Hooper. Désormais, la communauté ne s'incline plus devant la statue de Bartholdi, elle la détruit *(Escape from New York* de John Carpenter) ou l'enfouit dans le sable (voir la fin de *Planet of the Apes* de Franklin J. Schaffner). À sa place, d'autres monuments sont érigés. Un bel exemple de cette inversion nous est donné par le début de *Strawdogs,* que réalise Sam Peckinpah en 1971. On découvre en plongée, une bande de gamins narquois dansant autour de l'idiot du village (David Warner). La composition du cadre (fixe, centrée, plongée écrasante, passage du flou au net), le choix topographique (le fou trône en plein milieu de la place de l'église) la présence des enfants (dépositaires comme toujours chez Peckinpah, d'innocence et de cruauté), leur ritournelle, l'effet de cercle, tout concourt à faire de ce plan une image sacrée et de l'homme, un emblème. Mais la divinité que le monde célèbre ici, est un criminel, symbole de sa folie.

Semblable en cela aux grands empires grecs et romains, l'Amérique a toujours pensé les soubresauts de son histoire en termes de grandeur, de décadence et de chute, d'où sa fascination pour le peplum, marquant à la fois l'âge d'or hollywoodien et sa disparition *(Cleopatre* de Mankiewicz). D'où aussi la subversion opérée par exemple par Schlesinger, où Jon Voigt, à la fin de *Macadam Cowboy,* s'éteignait d'une maladie dans le car qui le ramenait chez lui, par Hopper, où les deux hippies (après avoir tout loupé) étaient tués par deux autochtones de Floride, pour le plaisir et pour rien. Il est alors loin le temps des victoires grandioses, des morts bibliques ou des *happy ends* rassurants des contes de fées dont l'Amérique de la confiance raffolait. Le mal qui gangrène de Texas du film est un mal intérieur venu du fond de ses entrailles, un mal qu'elle enfante littéralement sur ses propres terres, au sein de son *home sweet home.* Valeur ultime et sacrée de l'idéologie jeffersonienne qui fit dire à Judy Garland dans *The Wizard of Oz* (Victor Fleming, 1939) « *there is no place like home* », la famille devient alors le lieu de toutes les crises. De la progéniture satanique de Rosemary Woodhouse *(Rosemary's Baby* de Roman Polanski) à celle de Chris McNeil *(The Exorcist)* en passant par Damien (enfant puis adolescent dans les deux premiers volets de la trilogie *The Omen),* le cinéma américain des années soixante-dix dresse sur l'autel du Chaos originel la cellule familiale comme ultime rempart contre une société en pleine décomposition. « *Si l'on prend un instantané sociologique des dix dernières années,* déclarait Jack Nicholson au moment de la sortie de *The Shining (1980), on s'aperçoit que l'élément le plus explosif de notre culture est la pression au sein de l'unité familiale.* » Qu'il s'agisse d'un immeuble new-yorkais ou d'une petite chaumière d'un quartier chic de Washington, le cinéma américain ne filme plus que des menaces de proximité, familiales, intimes : la découverte en 1953 des atrocités de Ed Gein (le boucher du Wisconsin aux allures de grand-père inoffensif qui inspirera successivement *Psycho, The Texas Chainsaw Massacre* et *Deranged),* le personnage de Norman Bates, les massacres de la famille Manson sur fond de rituels sataniques, ou encore les scandales et assassinats politiques auront forgé dans l'esprit du *common man* [31] le terreau propre à ébranler sa foi en la nation. La remarque du journaliste rapportant à la radio les exactions perpétrées dans le cimetière de Newt *(« À l'heure qu'il est, on ne connaît pas l'identité des auteurs de ce massacre, mais une chose est sûre, c'est qu'ils ne viennent pas du Texas »)* dit une Amérique vivant désormais à l'heure du complot généralisé (chacun s'avance désormais masqué) et de la récession économique, souterraine mais omniprésente dans le film de Hooper [32]. Le masque de l'Oncle Sam se craquelle et révèle, à l'instar des membres de la famille de Leatherface, une nature profondément ambiguë. « *Les événements actuels ne vous encouragent pas à l'optimisme* », prédit l'horoscope de Franklin, à moins que ce ne soit celui de l'Amérique d'alors.

32 « *Avec ça, il y a bien moins de boulot par ici* », déclare l'auto-stoppeur à propos de l'utilisation des pistolets. « *Oublier d'éteindre l'électricité, cela conduit vite un homme à la faillite* », dit l'oncle.

« La menace qui pèse sur nous est une menace presque invisible mais elle nous frappe au cœur : il s'agit d'une crise de confiance qui atteint notre identité et sape notre volonté nationale. Nous en constatons la réalité en découvrant le doute croissant que nous pouvons avoir sur les sens de nos vies et sur les objectifs communs de notre nation ; l'érosion de notre confiance en l'avenir menace de détruire le tissu social et politique de l'Amérique. Cette confiance que nous avons toujours eue en tant que peuple n'était pas simplement un *rêve*[1] romantique où les paroles sacrées d'un vieux livre poussiéreux que l'on relit pour les cérémonies de la Fête Nationale. C'était l'idée fondatrice de notre nation, celle qui a guidé le développement de notre peuple. La confiance dans l'avenir a été le ciment de tout le reste : les institutions publiques, l'entreprise privée, nos propres familles et même la constitution des États-Unis. La confiance a défini notre voie et a servi de lien entre les générations. Nous avons toujours cru en quelque chose que nous appelons progrès. Nous avons toujours cru que les jours de nos enfants seraient plus heureux que les nôtres. »

Extrait d'un discours télévisé prononcé par le président Jimmy Carter, le 15 juillet 1979.[2]

3 Énergies américaines

« Nous avons besoin d'une direction qui reconnaisse que la véritable crise de l'Amérique d'aujourd'hui est une crise spirituelle. L'Amérique réclame ce qu'elle avait et ce qu'elle a perdu : l'aspiration à un rêve exaltant. »

Extrait du discours d'investiture prononcé par Richard Nixon le 3 février 1968.[3]

1 *C'est nous qui soulignons.*

2 *Cité par Michel Crozier in* Le Mal américain, *p. 112.*

3 *Cité par André Kaspi,* L'Année 1968, *op, cit. p. 107.*

L'envers du rêve

« *Le cinéma est une forme de sismographe du rêve américain* », écrit Gilles Laprévotte[4]. Dès le début de *The Texas Chainsaw Massacre,* il est fait allusion à la nature cauchemardesque du récit à venir *(« Pour eux, une balade par un après-midi d'été idyllique devint un cauchemar »)*[5]. Le cauchemar, envers naturel du rêve américain, constitue l'une des figures prédominantes du cinéma du Chaos et devint au cours des années soixante-dix, le symbole inépuisable d'une *profondeur catastrophique de la surface*. Ainsi s'explique le recours permanent à ses services pour rendre compte tant des périodes de crise que de prospérité. Que l'on souvienne de *Assaut,* de *Fog,* de *Carrie* (la main de Sissy Spacek qui surgit des profondeurs dans le cauchemar final de Amy Irving), ou encore des premiers plans de *Dawn of the Dead* et de *Day of the Dead,* pour mesurer combien le cinéma américain de la crise déclina à l'envi l'antagonisme réalité/cauchemar : ce qui était enfoui (dans l'inconscient collectif ou individuel, dans les catacombes de l'histoire) et qui en ressort. Un même mouvement qui induira une exploitation systématique de la verticalité. Exhumation et enterrement dans *The Texas Chainsaw Massacre* et toutes ses variantes : effondrements et chutes dans *Carrie*, descente et remontée dans *Deliverance,* avec le cimetière, toujours, comme espace primordial d'une mémoire qui fait retour *(Easy Rider, Night of the Living Dead, Poltergeist, The Shining, Bring Me The Head of Alfredo Garcia* pour ne citer qu'eux)[6]. À la toute fin du film de John Boorman, la main d'un *redneck* émerge du lac de Auintry. Ed (Jon Voigt) se réveille en sueur. C'était un cauchemar. Le regard hébété, il contemple sa femme, enceinte, qui dort à côté de lui. Boorman établit ici un lien très fort entre la vision de Ed et l'enfant à venir, comme si l'Amérique d'alors se préparait à enfanter (littéralement "à donner corps") les cauchemars de son Histoire[7]. Les *délivrer.*

« *Lorsqu'il n'y a plus de place en Enfer, les morts reviennent sur terre* », pouvait-on lire sur l'affiche de *Night of the Living Dead* en 1968. Derrière cette formulation voilée, presque un manifeste de la décennie à venir, il fallait lire l'incapacité déclarée d'encaisser (d'enterrer) les revers et les soubresauts de l'histoire. La crise sociale, la récession économique, les multiples crises politiques, s'accumulèrent comme autant de cadavres dont l'Amérique ne parvenait plus à faire le deuil. Sur les écrans de cinéma la part maudite de l'histoire américaine,

4 *In* La Grande Menace, le cinéma américain face au maccarthysme. *Trois Cailloux, Maison de la culture d'Amiens, collectif, 1990, p. 8.*

5 *Le film développe également des sensations propres au "cauchemar parfait" tel que définit par Borges :* « d'une part des épisodes de malaise physique, de persécution, et de l'autre, un élément d'horreur, de surnature ! », *Jorge Luis Borges,* Conférences, *Folio, Essais, p. 51.*

6 *Ce sont aussi les vétérans de la guerre du Vietnam, les Viets, qui ramènent au pays le souvenir d'une défaite que l'Amérique aurait voulu oublier mais qui fera violemment retour. Notons enfin, que Sally s'arrête au cimetière de Newt afin de vérifier que la tombe de son grand-père n'a pas été profanée. Autrement dit s'assurer qu'il est toujours* bien enterré.

7 *Un double mouvement d'enfouissement et de déterrement qui structure tout le film : le corps d'un autochtone dont la main ne cesse de remonter, un autre que l'on leste avant de jeter dans la rivière et surtout Auintry (le village dans lequel débarquent à la fin du film Jon Voigt et Ned Beatty) que les autorités déplacent avant l'engloutissement de la région par un barrage. On voit ainsi l'église (Church of Christ) et les cercueils du cimetière partir sur un camion.*

l'envers sanglant de ses mythes, allait désormais s'afficher comme un retour à la surface, avec pour parangon, le totem macabre et putréfié du film de Tobe Hooper. La verticalité, donc, comme mouvement programmatique d'un film et d'une époque : faire remonter ce qui était enfoui et enterrer ce qui traîne à la surface. La séquence de profanation des tombes qui ouvre le film (faire remonter
les morts, le passé, à la surface) débouche sur l'érection d'un monument grotesque. Filmé en contre-plongée et en travelling arrière, il est cette divinité qui préside au film, qui le toise même, semblable à la statue du démon Pazuzu se dressant face à Max von Sydow dans le prologue irakien de *The Exorcist.* Dans ce film, que réalise William Friedkin en 1973, tout est construit autour d'une exploitation vertigineuse de la verticalité[8]. Au cours du prologue, le père Merrin, archéologue en mission en Irak du Nord, déterre au cours de ses *fouilles,* une statuette à l'effigie du Démon Pazuzu. Quelques minutes plus tard, un fondu enchaîné sur un soleil incandescent nous transporte de l'Irak à Georgetown, Washington D.C. En un plan qui confond plus qu'il ne relie les deux espaces, Friedkin nous dit l'essentiel : le temps s'est arrêté et l'Amérique d'alors a rendez-vous avec ses origines barbares. Le démon, qui prendra possession de Regan McNeil, une fillette de douze ans, suscitera le retour de pratiques moyenâgeuses en plein cœur d'une société engagée dans la conquête d'une "Nouvelle Frontière", l'espace. Ce retour, s'il exploite naturellement un axe temporel vertical, trouvera de multiples équivalences spatiales, à commencer par les mouvements des corps dans le cadre (lévitations, défenestrations, chutes).
La première manifestation de possession de Regan aura lieu dans la cave (elle déplace par

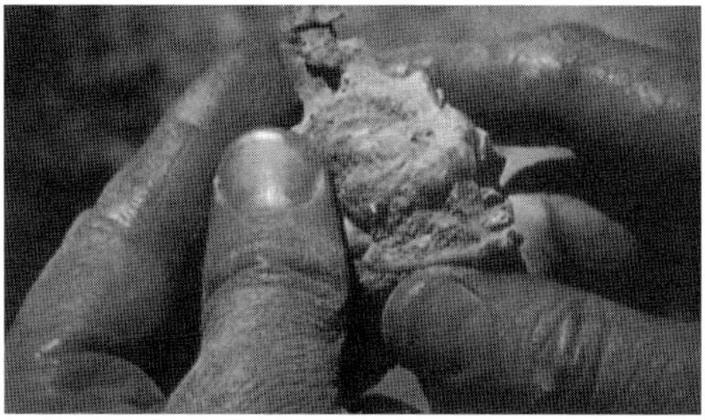

En haut : **Deliverance *(John Boorman, 1972).***
et The Exorcist *(William Friedkin, 1973).*

8 Voir notre article L'Amérique dévisagée, *à propos de* The Exorcist de William Friedkin, *in* La Voix du regard, *Hiver 2000, n° 13.*

télépathie des objets). La seconde, au rez-de-chaussée (Regan urine devant les invités d'une fête organisée par sa mère et dit très symboliquement à un astronaute présent : « *You'll die up there* »). Puis, dernière étape de cette remontée, la chambre à coucher et son lit, qu'elle ne quittera plus.

Au début de *Invasion USA,* un film d'Alfred E. Green réalisé en pleine guerre Froide (1952), un homme appelé Omen ("malédiction") sirote un verre dans un bar et hypnotise l'assemblée qui se trouve devant lui. Commence alors une lente descente aux enfers : faute d'avoir pris au sérieux la menace du péril rouge, les États-Unis sont envahis et massacrés. Puis l'homme fait sonner son verre et tout le monde se réveille. L'attaque n'était en fait qu'un cauchemar, une hallucination collective, et le film se clôt sur un monde pacifié. Dans *The Texas Chainsaw Massacre,* on retrouve cet ivrogne[9], couché dans le cimetière la tête à l'envers et porteur lui aussi d'une parole oraculaire *(« I see things* » ne cesse-t-il de répéter). Mais à la fin du film, il ne reviendra pas faire tinter sa bouteille. Sally restera prisonnière de son cauchemar qui justement n'en est pas un. Au cours de la période qui nous occupe, le cinéma continuera d'utiliser ce mode de narration mais au profit d'une expérience déceptive. Le retour à la réalité ne signifie plus un retour à l'ordre, il entérine au contraire le chaos, que l'on croyait rêvé, comme état du monde réel. À l'instar de l'héroïne de *Nightmare on Elm Street*, l'Amérique patauge alors dans un cauchemar dont elle ne parvient pas à s'extraire[10].

Après avoir eu le doigt sucé par le grand-père de la famille, Sally s'évanouit de terreur. Suit un plan de pleine lune. On entend alors un son étrange qui évoque le bruit d'une pellicule sortant des griffes d'un projecteur. Retour sur le visage de Sally en gros-plan. Encore sonnée, elle relève lentement la tête, ouvre les yeux et découvre ses tortionnaires autour de la table. En trois plans, Tobe Hooper parvient à montrer l'impossibilité pour Sally, de sortir de son cauchemar. Son absence, son sommeil, le bruit de la pellicule (signe d'un passage possible à un autre niveau de fiction) n'ont pas permis le retour à une réalité conforme à ses désirs. Lorsqu'elle reprend connaissance, le monde qui s'offre à elle n'a pas changé. Montés comme les mouvements saccadés de l'œil au cours d'un rêve agité, les très gros-plans qui suivent filent la métaphore d'un cauchemar éveillé, le regard absent mais les paupières grandes ouvertes. Désormais, rêve et cauchemar n'agissent plus comme deux versions antagonistes (hypothèses du meilleur et du pire), ils sont l'avers et le revers confondus d'une même réalité.

« Un matin, au sortir d'un rêve agité, Grégoire Samsa s'éveilla transformé dans son lit en une véritable vermine. Il était couché sur le dos, un dos dur comme une cuirasse, et, en levant un peu la tête, il s'aperçut qu'il avait un ventre brun en forme de voûte divisé par des nervures arquées. » À l'image du personnage central de *La Métamorphose* de Kafka, l'Amérique de *The Texas Chainsaw Massacre* se réveille un matin métamorphosée en ver-

9 John Henry Faulk, qui prête sa voix au présentateur radio du film de Hooper, fut un homme de radio blacklisté *par la Commission des activités anti-américaines (HUAC) pendant la guerre Froide.*

10 On pourrait multiplier à l'infini les exemples mais l'un des plus fameux restes celui de Wes Craven, inversant dans Nightmare on Elm Street, *la chute finale de* Invaders from Mars *de William Cameron Menzies : le retour à la réalité (les parents ivrognes et défraîchis qui se tiennent dans sa chambre) s'avère plus cauchemardesque que le cauchemar lui-même.*

mine (impression renforcée par la découverte "à l'aube" des tombes profanées pendant la nuit, puis par ce plan de soleil qui s'évanouit en fondu derrière le corps de l'animal). L'armadillo mort, carapace contre terre, qui apparaît dès le début sur le macadam, cite explicitement le roman de Kafka[11], et plus largement, propose l'image matricielle d'un monde littéralement renversé. Un monde où les morts se dressent (image du totem grotesque qui annonce toutes les compositions macabres érigées par Leatherface) et où les vivants chutent (Franklin dans son fauteuil roulant). Couché la tête à l'envers, l'ivrogne qui surgit quelques minutes plus tard dans le cimetière, renvoie à la position de l'armadillo. En en faisant une figure dégénérée de l'oracle, Hooper achève de filer la métaphore prophétique du renversement. L'Amérique, détraquée, ne tient plus debout[12]. « *Car il est venu le grand jour de la Colère, et qui peut tenir* debout[13] *?* », peut-on lire dans *L'Apocalypse* de Saint Jean (VII, 12-17).

« Quoi que tu recèles en tes contrées sauvages, Amérique,
la forêt lugubre ou la tanière du tigre,
le dangereux serpent ou la bête de proie,
Aucun n'est aussi féroce, aussi terrible que l'homme. »

Pierre Freneau "On the Emigration to America and Peopling the Western Country".[14]

L'obsession de la verticalité, la permanence des motifs de chutes et de remontées, l'excédent d'énergie, l'enfermement dans la répétition, l'ancrage dans la culture américaine ou le spectre d'un wilderness menaçant forment le socle mythologique de *The Texas Chainsaw Massacre*. Mais, et c'est l'hypothèse que le film formule, lorsqu'une société a atteint le bout de son développement, lorsque le système est menacé d'asphyxie, lorsque le point de non-retour a été atteint, le moment est venu de trouver une solution radicale afin de sortir de la crise (culturelle, morale, psychologique, éthique...). S'inscrivant ainsi dans la grande tradition américaine des eschatologies millénaristes et plus précisément dans la croyance protestante de l'Apocalypse, *The Texas Chainsaw Massacre* précipite le monde dans le Chaos. « *N'ayant pas vécu l'âge des Ténèbres, l'Amérique s'invente un Moyen-Âge dans lequel le Malin se manifeste à travers plusieurs symboles, lesquels sont autant de mises en garde que Dieu adresse à son peuple élu.*[15] » La Fin comme résolution possible de la crise, mais possible

11 L'espace de The Texas Chainsaw Massacre *évoque l'image du* Terrier *de Kafka, avec ses tunnels à n'en plus finir, ses fausses sorties, son sens manquant.*

12 Idée résumée par le "renversement" final de Planet of the Apes *(1968) : la statue de la Liberté, détruite et enfouie dans le sable.*

13 C'est nous qui soulignons.

14 in Poems, *Édition de 1929, p. 93, cité par Élise Marientras,* Les Mythes fondateurs de la civilisation américaine, *op, cit., p. 187.*

15 Michel Cieutat, Les Grands Thèmes du cinéma américain. *Tome I :* Le Rêve et le cauchemar, *7ème art, Éditions du Cerf, 1988, p. 191.*

seulement. L'état déliquescent de l'Amérique, dont le film propose l'inventaire, n'a pas surgi, faut-il le préciser, au moment de son générique. Il puise ses origines dans une longue histoire de la Frontière, mythe américain par excellence, dont nous nous proposons de rappeler ici les principales étapes.

Le thème de la Pastorale se fonde sur la conception d'une Nature édénique considérée comme source d'abondance, lieu de purification et de création divine [16]. En face d'elle, la vie citadine et les innombrables vices qui la corrompent. Lorsqu'en 1776, Thomas Jefferson, dans la Déclaration d'indépendance, définit le terreau philosophique sur lequelle l'Amérique se bâtira, il prône la défense de la liberté et la poursuite du bonheur comme valeurs fondatrices de l'idéologie américaine [17]. Après la coupure d'avec l'Europe, s'ajoutera un dernier terme essentiel à "l'américanéité" : le mythe d'un espace encore vierge à conquérir (le wilderness) et l'américanisation-évangélisation de ses populations primitives (les tribus indiennes). Dès lors, l'ennemi sera toujours ce "virus" désireux de s'approprier la Terre Promise, empêchant ainsi la "destinée manifeste" de son peuple de se réaliser. Mais l'Amérique ne se pense pas en termes d'idéologie. La réunion des valeurs qu'elle encourage et qui la structurent constitue *« un ensemble de convictions et d'actes qu'on étudie dès le bas âge dont il est recommandé de ne pas dévier, si l'on veut être bien adapté et auquel il est naturel d'amener les non-Américains.* [18] » Le cœur de cette idéologie, c'est le primat de l'individu sur toute forme d'autorité collective, c'est la croyance absolue dans la perfectibilité de l'homme (en dépit d'un darwinisme social impitoyable) et son adaptabilité à des conditions naturelles parfois très rudes. Avant la crise des années soixante, rappelons qu'Hollywood sera le conducteur parfait de cette idéologie, fournissant aux spectateurs des modèles cinématographiques conformes aux valeurs dominantes. Le cinéma hollywoodien classique présente alors une image édénique de l'Amérique se fonde sur une causalité rationnelle et s'achève sur un *happy end.* Il s'organise autour de la star et respecte une série d'interdits formulés par le code Hays en 1930. La menace, elle, est toujours extérieure, circonscrite à une entité aux contours définis et surtout est mue par une cause ou des motivations précises toujours liées aux valeurs fondatrices de l'idéologie américaine (invasion, l'asservissement, l'exploitation des richesses de la terre promise). Les maux qui veinent les États-Unis apparaissent certes en filigrane de nombreuses productions, mais en filigrane seulement. Ce qui compte, c'est *in fine*, la réaffirmation des valeurs fondatrices.

Pour les théologiens protestants, l'avancée des pionniers vers l'Ouest était synonyme de progrès moral et technique. La frontière, à partir de laquelle l'Amérique va désormais se construire, est donc cette ligne de partage, d'exclusion qui, de tout temps tracera dans

16 Pour les uns, la Pastorale renvoie aux mythes antiques, pour les autres, elle s'origine dans le mythe édénique d'une nature accueillante, aux ressources abondantes, peuplée de "bons sauvages" : « Le temps ne s'y compte pas selon l'échelle européenne. Il se mesure à la lente progression de la marche vers l'ouest, au cycle des saisons. Les événements y sont d'ordre naturel. » *Leo Marx, in* The Machine in the Garden, Technology and the Pastoral Ideal in America, *Oxford University Press, NY, 1964. Cité par E. Marienstras, op, cit.*

17 La réconciliation entre les différents Américains (qu'ils diffèrent par leur classe sociale, leur origine géographique, culturelle...) est gagnée au lendemain de la Guerre de Sécession : « Plus que la déclaration d'indépendance de 1776, écrit André Kaspi, elle fonde véritablement l'existence d'une nation américaine. » *A. Kaspi in* L'Amérique. *Encyclopédie Larousse.*

18 Thomas Molnar, Le Modèle défiguré, *PUF, p. 124.*

l'histoire une série de limites, tant géographiques que morales : limite entre sauvagerie et civilisation (dont Élise Marienstras écrit qu'elle est au cœur de la définition de la nation américaine [19]), entre l'Est et l'Ouest, entre ville et nature, entre Américains et non-Américains, entre l'ordre et le chaos. Mais « *dans la mesure où le wilderness est le lieu "en dehors" (steppe aride de l'Ancien Testament, forêt de l'expérience européenne, puis américaine),* écrit Pierre-Yves Pétillon, *il s'oppose, comme un recours sacré, à l'apostasie des villes, mais le wilderness à travers lequel les émigrants déchiffrent et interprètent leur histoire est aussi le dehors sauvage, le chaos primitif, par opposition à l'ordre qui règne dans l'enceinte de l'enclos. C'est « le pays désert, le chaos hurlant et désolé dont le hurlement de steppe revient si souvent dans sermons et chroniques : un désert sans pistes, un chaos sans routes si chemins, où l'on erre dans l'obscurité, loin des repères familiers : la terre vaine où vaguent les bêtes sauvages.* [20] »

C'est précisément le retour à ce "chaos primitif" que rejouent, sans le savoir, les adolescents citadins du film de Tobe Hooper. Mais le chaos, ici, n'est plus originel (agressif mais encore vierge), il est le résultat d'une civilisation portée au point extrême de son développement, autrement dit de sa dégradation (trop de progrès tue le progrès). Précisons enfin que ce retour n'inscrit pas le film dans une conception cyclique du Temps (tout détruire pour faire renaître), il marque la fin d'une Histoire considérée ici comme irréversible.

Selon Richard Slotkin, le mythe de la frontière – rappelons que la conquête de l'Ouest se fit sur six ou sept grandes étapes : la première dura tout le XVIIe siècle et consista en l'installation sur la côte transocéanique jusqu'à la fin du XIXe siècle et la conquête de la Californie – donna lieu à deux discours différents : d'un côté l'idéologie de l'agrarisme jeffersonnien et de l'autre, une idéologie issue de la littérature mythologique du XIXe siècle, dont Fenimore Cooper fut la figure de proue *(The Texas Chainsaw Massacre* est rempli de symboles qui évoquent l'époque de l'auteur du *Dernier des Mohicans* et des *Buffalo Bill's Wild West Show,* avec ses tentes indiennes, ses techniques de camouflages [21] et ses compositions macabres parodiant les totems indiens). Pour celle-ci, l'histoire de la frontière se confond avec celle de la dépossession indienne, où le vol des terres et de violentes guerres rythmèrent l'avancée des colons. L'idéologie jeffersonnienne, elle, fait rarement cas de ces guerres. Eu égard à l'abondance des ressources de la terre promise, la conquête des territoires pouvait s'effectuer sans conflits : « *It substitutes the cultivation of the land, the interaction of man with pure and inanimate nature, for the human conflict of Indian despossession.* [22] » Mais ce sont aussi deux conceptions de l'Indien qui s'affrontent : d'un côté le mythe du bon sauvage (agrarisme) et de l'autre, celui de l'être animal et démoniaque qui, contrairement à l'homme civilisé tirant ses ressources de l'agriculture, vit lui
de la chasse, signe ultime de barbarie. Cette image de l'Indien sauvage et abject irriguera

19 « L'opposition, entre civilisation et sauvagerie, est au cœur de la définition de la nation américaine », *écrit E. Marienstras, op, cit. p. 159.*

20 *Pierre Yves Petillon,* L'Europe aux ancients parapets, *Éditions du Seuil, p. 23, cité par J.-L. Leutrat in* La Prisonnière du désert, une tapisserie navajo, *op, cit. p. 30.*

21 *Le parc de voitures militaire bâchées que découvre Kirk aux abords de la maison évoque aussi l'image d'une guerre du Vietnam sur laquelle on veut jeter un voile.*

22 *Richard Slotkin,* The Fatal Environment, The Myth of the Frontier in the Age of Industrialization, 1800-1890. *University of Oklahoma Press, 1985, p. 52.*

la plupart des romans de Fenimore Cooper *(La Prairie* ou *Le Tueur de daims* par exemple) et perdurera jusqu'au redneck barbare et violent du cinéma américain des années soixante-dix. Il faut ainsi voir Leatherface comme rejeton dégénéré de cette conception mythologique, vivant au contact de la nature, respectant ses cruelles lois, se façonnant des vêtements et des masques avec des peaux de bêtes et n'hésitant pas à troquer ses trophées contre des dollars [23]. Le mythe de la frontière perdurera jusqu'à JFK, qui fit de la Nouvelle Frontière, le concept-clé de sa campagne présidentielle *(« La Nouvelle frontière est là, que nous la cherchions ou non, avec ses vastes espaces inexplorés de science et d'espace, ses poches invaincues d'ignorance et de préjugés, ses questions sans réponse de pauvretés et d'excédents… »)* et la guerre du Vietnam, que la "langage de la frontière" replaça dans une perspective historique et mythologique définie. « *L'évocation des guerres indiennes et du Custer's Last Stand comme modèle pour la guerre du Vietnam,* écrit Frances Fitzgerald, *était un moyen mythologique de répondre à la question : Pourquoi sommes-nous au Vietnam ? La réponse, implicite dans le mythe est : nous sommes là parce que nos ancêtres étaient des héros qui se sont battus avec les indiens, et périrent à tord ou à raison en se sacrifiant pour la nation.* [24] » Rappelons que le mythe n'explique rien, pas plus qu'il n'a vocation à démontrer le bien-fondé d'une idéologie ou d'un comportement, mais il *l'exemplarise.*

Encore aujourd'hui, les thèses de Frederick Jackson Turner (qui datent des années 1860) continuent de faire autorité. Il reste celui qui a su, via l'étude cartographique des mouvements de populations au cours du XIXe siècle sur le territoire américain, transformer l'étude de l'espace en une étude du temps. Autrement dit, pour l'Amérique, l'espace est la mesure visible du temps [25]. « *Les États-Unis,* écrit Turner, *sont comme une vaste page dans l'histoire de la société. Ligne par ligne, en lisant cette page continentale d'ouest en est, on trouve l'archive de l'évolution sociale.* » Cette stratification spatio-temporelle explique cette obsession américaine de la surface mais en tant qu'elle rend visible la profondeur de son histoire, qu'elle l'a fait remonter. Autrement dit, le passé (le temps) ne se manifeste que par les traces que l'histoire a laissées à la surface de l'espace. D'où l'importance de l'enfouissement et du déterrement, comme action élémentaire de toute fiction américaine. Une double action posée dès le début de *The Texas Chainsaw Massacre* qui, avant que le récit ne débute, commence par ramener à la surface les éléments de sa propre histoire (les deux cadavres érigés sur la terre du cimetière et l'armadillo mort sur le macadam) [26], avant de forger une vision cosmogonique du monde : le totem comme parodie d'*axis mundi*, reliant les profondeurs, la terre et le ciel, formé à partir d'un chaos informe et grouillant (les bouts de cadavres putréfiés). Dans la fiction américaine positiviste et jeffersonienne, le déplacement vers l'Ouest, sens de la conquête, est un déplacement vers le futur. Il traduit une expression temporelle et orientée de l'espace. À partir de la fin des années soixante, le voyage a toujours lieu (le désir de conquête aussi), mais en sens inverse, de l'Ouest vers l'Est. C'est la naissance du *road movie* (et de ses dérivés : le *vanning),* forme cinéma-

23 : Voir l'auto-stoppeur tentant d'échanger sa photo contre quelques dollars.

24 Richard Slotkin, op, cit. p. 19.

25 Contrairement à l'Europe qui pense son Histoire sur un axe temporel vertical.

26 C'est bien sûr le même mouvement de remontée (à la surface des consciences) que l'on retrouve dans le cauchemar.

tographique exemplaire de la décennie à venir *(Easy Rider, The Scarecrow, Vanishing Point, Macadam Cow-Boy, Bonnie and Clyde, Badlands).* Une grande entreprise de relecture du passé commence, un retour aux origines, qui suppose de reprendre la route des pionniers mais dans l'autre sens. La contre culture prône alors un retour à une vision du Noble Sauvage contre une civilisation sur le déclin. On retrouve une iconographie du bandeau, du collier, du mode de vie tribal, de la drogue comme source de religiosité mystique, de retour à l'écologie. Réinvestir le wilderness et fantasmer sa beauté virginale. L'idée, si présente dans les "anti-westerns" de cette époque, consiste à revivre le mythe de la frontière, non pas du point de vue des cow-boys, mais de celui des Indiens (voir par exemple *Easy Rider* et sa séquence de l'awakening dans Monument Valley). « *La volonté de répéter le mythe de la frontière sous cette forme suggérait que notre histoire incarnait une erreur fatale, qui pouvait être corrigée par la reconstitution symbolique du passé – seulement ce temps, nous allions vivre le mythe de la frontière en Indiens, en non en cow-boys* »[27]. Dans les "anti-Custer movies"[28] qui virent alors le jour tout s'inverse : les cols bleus deviennent des assassins sauvages, voleurs d'enfants tandis que les indiens, eux, se retrouvent dépositaires du mythe pastoral et du respect de la nature. L'essentiel du cinéma américain des années soixante-dix s'attaque de plein fouet au système lui-même, aux valeurs fondatrice de l'État providence. La conquête de l'Ouest et des pionniers se transforme alors en un récit du génocide indien qui devient le modèle de la tyrannie américaine (le massacre de Sand Creek dans *Soldier Blue* en écho au massacre de My Lai) tandis que les supers-héros d'antan laissent la place à des héros fatigués voire abjects, peu conformes à l'image de conquistador qu'ils avaient dans le western classique *(The Wild Bunch* de Sam Peckinpah avec ses représentants de la loi détrousseurs de cadavres).

« *La dégradation réaliste, à l'américaine,* écrit Gilles Deleuze, *va se couler dans le moule milieu-comportement, situation-action. Elle n'exprime pas une destinée de l'affect ou un destin des pulsions, mais une pathologie du milieu et un trouble du comportement* »[29]. Parce que la Frontière a bel et bien disparu, le wilderness auquel se mesuraient naguère les pionniers n'est plus qu'un repaire de dégénérés qui retournent à l'Amérique la part maudite de son histoire. Il est devenu un lieu désolé où sont reclus ceux dont la société post-industrielle ne sait que faire, un terrain de chasse *(The Texas Chainsaw Massacre, Hills Have Eyes)*, une prison à ciel ouvert où l'état règle ses comptes *(Punishment Park* de Peter Watkins, 1971), ou encore un souvenir mythique transformé en parc d'attraction *(Westworld* de Michael Crichton). On pourrait dire du film de Tobe Hooper ce que Michel Ciment écrit à propos de *Deliverance* : « *Le voyage de ces citadins est aussi un voyage dans le temps, dans le passé de l'Amérique, à la recherche de sa beauté, de sa puissance, de ses ressources, de sa richesse. Et lorsqu'ils arrivent dans le village, ils entrent en contact avec des gens qui*

27 Richard Slotkin, p. 17.

28 Le désastre du général Custer lors de la bataille de Little Big Horn restera pour des générations entières le symbole du désastre. Cette bataille fut (depuis 1812) la guerre indienne la plus importante, et entraîna à une relecture du mythe de la frontière. De Sidney Salkow (Great Sioux Massacre, *1965) à Arthur Penn* (Little Big Man, *1970), la bataille de Custer devint le symbole de la défaite américaine et, à ce titre, fut reprise pour qualifier la guerre du Vietnam.*

29 Gilles Deleuze, L'Image-mouvement. *Éditions de Minuit, Collection Critique, 1983, p. 201.*

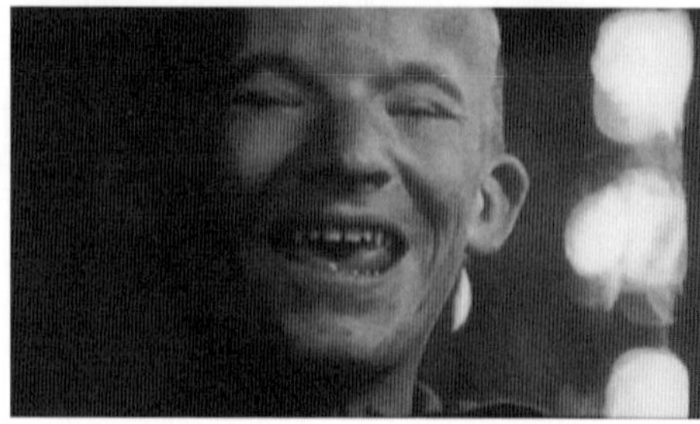

Rednecks :
***(les deux en haut)* The Texas Chainsaw Massacre**
***et* Deliverance.**

vivent selon les anciennes valeurs de la Frontière, dans une société autonome où ils construisent leurs propres maisons, cultivent la terre et se défendent contre les étrangers, mais qui sont en même temps dégénérés. (...) C'est donc une réévaluation des mythes de l'Amérique.[30] » Au milieu du film, Lewis (Burt Reynolds) compare même l'expérience du groupe à celle qu'ont du vivre les premiers explorateurs. Le film s'emploie alors à répéter ce schéma pour en montrer l'envers. Le wilderness, incarné ici par cette rivière du nord de la Géorgie que les quatre hommes projettent de descendre, n'est pas cet Éden tant glorifié par la mythologie de l'Ouest. Avec ses autochtones dégénérés (« *La dégénérescence dans ces contrées n'est pas une légende* », dit Ned Beatty au début du film), ses séquences de bar-

30 Michel Ciment, John Boorman, *Calmann-Levy, p. 129. Analyse aisément transposable au film de Hooper si ce n'est que dans* The Texas Chainsaw Massacre, *les mythes ne sont pas réévalués, mais tout simplement détruits.*

barie, *Deliverance*, comme *The Texas Chainsaw Massacre,* fait voler en éclat l'acquis majeur de la guerre de Sécession : la fondation d'un peuple uni partageant des valeurs communes, un peuple réconcilié en somme. À ce titre, le célèbre duel guitare/banjo, la sodomisation de Ned Beatty et toutes les séquences du film de Hooper mettant en présence les adolescents avec les habitants du Texas, filent la métaphore d'un peuple fracturé, clivé dans sa chair[31].

Voyage de la désillusion, conquête de l'Est mais sous une forme dégradée. C'est cela, la pathologie qu'évoque Deleuze : les milieux sont toujours présents (l'Ouest, la nature, les ranchs, les bêtes, les abattoirs) mais ils puent la mort, l'amertume, souillés qu'ils sont par les plaies d'une histoire qui n'en finissent plus de s'ouvrir. Les comportements aussi, sont présents, mais l'action manque. Alors on répète les traditions et les gestes d'antan, on fétichise les signes du passé, ses objets, à défaut de leur trouver un contenu. On se remémore aussi les métiers d'autrefois, ses techniques, ses artisans, et on tente de les maintenir en vie, à l'image du grand-père de la famille, pathétiquement.

C'est alors que la nation se désunit face au danger (Amérique citadine et Amérique rurale s'opposent) : le rêve vire au cauchemar, l'absurdité sert de modèle narratif, l'Apocalypse devient un motif récurrent. C'est l'ère du chaos et d'un cinéma fortement teinté d'eschatologies. Les mythes fondateurs de l'Amérique sont battus en brèche, retournés, contestés. Dans *The Texas Chainsaw Massacre*, l'esprit de conquête a laissé la place à une oisiveté meurtrière, la violence, n'est plus un facteur régénérant de la civilisation (idée d'Hemingway : on devient un homme suite à une série de violences initiatiques), mais le moyen par lequel elle s'autodétruit et précipite le monde à sa Fin. La perfectibilité de l'individu, sa capacité à s'adapter aux métamorphoses du monde moderne (l'américain a son destin en mains) font place à une Amérique prise dans les raies d'une causalité (d'un sens) qui la dépasse (d'où l'importance de l'ancrage cosmogonique du film), dégénérée, et dont Leatherface constitue l'archétype. L'Amérique de *The Texas Chainsaw Massacre* n'est autre que la version catastrophique d'un pays que Baudrillard qualifiait « *d'hyperréalité, parce que c'est une utopie qui dès le début, s'est vécue comme réalisée* »[32]. « *Tel quel,* déclarait Tobe Hooper au moment de la sortie française de *The Texas Chainsaw Massacre, le film est le reflet de la violence inhérente à la société américaine contemporaine. Pour le vérifier il suffit de regarder les informations sur n'importe quelle chaîne de télévision américaine. C'est pour cela que j'ai utilisé en fond sonore des bulletins de radio ne donnant qu'une succession de nouvelles sanglantes.* [33] » La cinglante leçon de son film[34], c'est que la loi de la nature (de l'Ouest mythique) n'est pas fondée sur une Loi humaine, un code moral ou un quelconque manifeste idéologique, mais sur l'unique capacité de survie dans un milieu ontologiquement violent.

Autrefois, les caravanes sillonnaient le pays d'Est en Ouest, se battaient contre la nature, tentaient de la dompter. Les fermiers, eux, acheminaient le bétail au cours de périples

31 L'un des cauchemars du film, c'est précisément d'obliger les personnages à enterrer à leur tour les cadavres de leur propre histoire tragique.

32 Jean Baudrillard, Amériques, *Folio, Essais, p. 32.*

33 Cinefantastic, *n° 1, p. 9.*

34 et de Deliverance *d'ailleurs...*

épuisants. Après la fin de la Frontière (la côte pacifique fut définitivement acquise en 1912) ont surgi de nouveaux moyens de transports, les chevaux ont été remplacés par les voitures et les lignes de chemins de fer sont apparus. Dès lors, l'énergie, moteur essentiel de la conquête de l'Ouest, eut peine à se consumer. Elle se mit à tourner à vide et sur elle-même [35], à l'image de la sulfateuse et de la voiture du général Mapache dans *The Wild Bunch*. Car l'énergie, c'est la violence inhérente à la culture américaine [36], sa mythologie. Dans une étude au titre évocateur – *Regeneration through violence: History as an Indian War, 1675-1820* –, Richard Slotkin montre comment, des événements qui ont construit son histoire (génocide indien, guerre de Sécession, conflit vietnamien, assassinats politiques) à son mode de vie (le crime urbain, la violence de sa répression, le droit de chaque citoyen de posséder une arme), la société américaine se fonde sur une mythologie de la violence, basculant parfois dans l'extrême et l'irrationnel, mais qui est au cœur même de sa définition. C'est son carburant. À ce titre, le *road movie*, et plus largement tout le cinéma américain, raconte la conversion de cette violence en action. La fin de la conquête de l'Ouest fut d'abord l'histoire d'une dépossession. Dépossession d'un territoire à conquérir (toute l'énergie est désormais concentrée sur sa défense: voir *Strawdogs* de Sam Peckinpah), dépossession d'une terre à investir. Dès lors, le risque est grand que l'énergie produite, si elle ne trouve pas matière à se recycler, provoque l'asphyxie. À la stratégie de la dépense sur laquelle se bâtit notamment le western (parcourir un espace, c'est toujours brûler de l'énergie), l'Amérique des années soixante-dix vit le drame de l'asphyxie. Comment répéter le mythe de la frontière lorsque la frontière n'est plus? Deux réponses possibles: ou bien effectuer le trajet inverse à celui de la conquête de l'Ouest et permettre à l'énergie de se consumer horizontalement – c'est la naissance du *road movie (Easy Rider, Two Lane Black Top* le début et la fin de *The Texas Chainsaw Massacre* et même *Deliverance,* avec ses citadins en manque d'espace qui convertissent leur trop-plein d'énergie en folie meurtrière), ou bien brûler cette même énergie mais sur place, verticalement et dans la folie meurtrière, c'est toute l'histoire de *The Texas Chainsaw Massacre* [37]. Rejouant, mais à l'envers, l'avancée de leurs ancêtres dans le wilderness, l'homme du *road movie* reprend la route (mythe du nomade, de la mobilité et du pionnier) et découvre le visage déliquescent de la nature américaine: la "traversée des ruines" comme version moderne de la conquête de l'Ouest. Mais la route ne mène plus à une Frontière, elle constitue le lieu même du récit. Dès lors, privés d'objectif géographique à atteindre, les personnages s'épuisent, consument leur énergie au fil des kilomètres jusqu'à atteindre le *vanishing point* de Richard Sarafian, point terminal de leur propre disparition. « *Rouler crée une forme d'invisibilité, de transparence, de transversalité des choses par le vide,* écrit Baudrillard dans *Amérique. C'est une sorte de suicide au ralenti, par l'exténuation*

35 *L'omniprésence de la figure circulaire dans* The Wild Bunch *traduit bien ce moment où, la conquête de l'Ouest s'achevant (1913, date à laquelle le film se situe), les énergies se mettent à tourner en rond.*

36 *Lire à ce sujet Richard Slotkin, in* The Fatal Environment, The Myth of the Frontier in the Age of Industrialization, *1800-1890, op, cit.*

37 *Ou de* Taxi Driver *(Martin Scorsese, 1976) pour prendre un exemple célèbre de la même période.*

des formes, forme délectable de leur disparition. La vitesse n'est pas végétative, elle est plus proche du minéral, d'une déflexion cristalline, et elle est déjà le lieu d'une catastrophe et d'une consumation du temps. [38] » Une consumation qui ira dans *Two-Lane Black Top* de Monte Hellman jusqu'à la brûlure de la pellicule dans le dernier plan du film, comme aveu figural d'un trop-plein d'énergie que la route n'aura pas réussi à brûler complètement.

Entropie

En physique, le travail désigne un processus d'échange énergétique, qualifié de "moteur" si l'énergie cinématique augmente et de "résistant" si elle diminue. Or tout système isolé possède une énergie totale constante. Il n'y a donc jamais disparition de l'énergie mais transformation d'une forme d'énergie en une autre, c'est le principe de la conversion. Tous les plans du générique de *The Texas Chainsaw Massacre* (des astres, des planètes en pleine combustion) sont l'expression, le réservoir d'une énergie originelle que le film aura à charge de dépenser. L'objectif une fois posé, reste à déterminer comment.

Le drame des autochtones du film de Tobe Hooper serait alors le suivant : la difficulté à brûler un trop-plein d'énergie (autrement dit de violence). Autrefois, c'était facile, il y avait les abattoirs et des centaines de bêtes à tuer. Mais aujourd'hui, sans travail, dépourvus de bovins à occire, cloîtrés dans un espace tombeau, répétant depuis des lustres les mêmes gestes, Leatherface et sa famille consument cette énergie comme ils peuvent. Ils profanent des tombes, tuent des animaux, photographient des quartiers de viandes, fabriquent des objets macabres. Le désir énergétique est là, toujours vivace, mais le combustible manque. Jusqu'à ce qu'une bande de vacanciers échoue sur leur territoire. Mais le surplus d'énergie ne se contente pas de rendre les hommes fous, il se répand également dans l'espace, il le déborde, le gangrène et l'écrase. La nature sauvage et pure d'antan croule désormais sous un ciel caniculaire, un soleil écrasant qui brûle, mais pour son compte seulement, les visages et les terres. L'asphyxie est proche, mais heureusement, une bande de vacanciers échouent sur leur territoire. La dégradation de l'énergie va pouvoir s'accélérer.

Juste après le meurtre de Pam, que Leatherface a suspendue à un crochet de boucher, un plan nous montre une éolienne en train de tourner. En faisant ainsi se succéder le visage de la victime, déformé par la douleur, et cet outil de production énergétique, Tobe Hooper associe symboliquement la dépense d'énergie à la violence (mais lui ôte toute part mythologique). Plus tard, lorsque Franklin est agressé par Leatherface, il tient une lampe torche à la main. Là encore, violence et énergie se confondent. À sa mort, succède un plan sur la lampe encore allumée, signe d'un trop-plein d'énergie à brûler. Enfin, dans la dernière partie du film, la plupart des plans détaillant les tortures de Sally incorporent dans le cadre des lampes, des bougies, des ampoules ou des lampadaires constitués de débris humains. De la même façon, le moteur à explosion qui tourne à vide aux abords de la maison (machine qui, rappelons-le, transforme par combustion l'énergie chimique en chaleur laquelle se transforme à son tour en mouvement), les anciens abattoirs que Leatherface tente de main-

38 *Jean Baudrillard,* Amériques, *op, cit. p. 12.*

tenir en état de fonctionnement, ou encore les regrets exprimés par l'auto-stoppeur sur l'automatisation du travail (ce qui dans l'optique du film signifie une énergie que sa famille ne pourra pas dépenser), nous rappelle que dans *The Texas Chainsaw Massacre,* les victimes ne sont que des combustibles. Ni plus ni moins.

Un peu d'onomastie nous conduit enfin à noter que le prénom de Franklin (le frère paralytique de Sally) renvoie à Benjamin Franklin, homme politique et physicien américain né en 1706, qui rédigea en 1776 la Déclaration d'indépendance avec Jefferson et Adams. Et, plus intéressant pour notre propos, Franklin fut aussi l'auteur de recherches scientifiques sur les phénomènes électriques. Rappelons que c'est à lui que l'on doit la découverte du principe de la conservation de l'électricité, de la nature électrique de l'éclair, du pouvoir des pointes et de l'invention du paratonnerre en 1752.

À la fin du film, Sally, exténuée, parvient enfin à monter à l'arrière d'une camionnette, inversant le processus d'enterrement que ses bourreaux lui avaient réservé. Mais surtout, elle reprend la route et réintègre ainsi la forme du *road movie*. Le face-à-face final entre le véhicule s'éloignant sur la route et les trépidations immobiles de Leatherface offre alors un raccourci saisissant des deux modes de dépense énergétique travaillés par le film et plus largement, par le cinéma américain des années soixante-dix. D'un côté, une énergie brûlée via l'espace, et de l'autre, une énergie asphyxiante débouchant sur une violence démesurée. Mais le visage ensanglanté de Sally suffit à nous rappeler qu'à l'origine de ces deux principes, un seul et même carburant : la violence. Tobe Hooper boucle et achève ici le système formel posé au début de son film : l'horizontalité (le road movie espéré et que seule Sally retrouvera) et la verticalité (profanation des tombes et érection du totem). Mais surtout, il en dévoile rétrospectivement toutes les ressources : en se détournant de leur route initiale, les adolescents basculent dans un monde où l'énergie, *à cause du manque d'espace à parcourir, se consume en une violence irrationnelle*. Ils passent donc d'une stratégie de la dépense énergétique (rouler = brûler) à une autre, l'asphyxie. Si l'espace américain est la mesure visible du temps (Turner), la montre clouée à l'arbre que découvre Pam et Jerry dit à la fois le bégaiement du temps et la clôture de l'espace. Entre les deux tronçons de route qui bornent le film (système horizontal), Sally, Kirk, Franklin et les autres pénètrent donc dans un univers fondé sur la verticalité qui se manifestera par une sensation d'éternel retour, de répétition, des effets de surplace, par la multiplication de motifs circulaires (éolienne, soleil, montres)[39], ou encore le rappel constant des cycles lunaires. Ici, l'énergie déborde l'individu et le conduit à une violence disproportionnée. En reprenant la route, le film quitte un axe pour un autre. Sally, elle, sauve sa vie mais scelle la Fin de l'Histoire (l'horizontalité comme traduction géométrique d'une conception irréversible de l'histoire). La dernière image de *The Texas Chainsaw Massacre*, Leatherface faisant tournoyer sur place sa tronçonneuse, signale alors, s'il en était encore besoin, que de l'énergie attend toujours d'être dépensée.

39 Rappelons que la tronçonneuse découpe (du bois, du métal...) en tronçons circulaires.

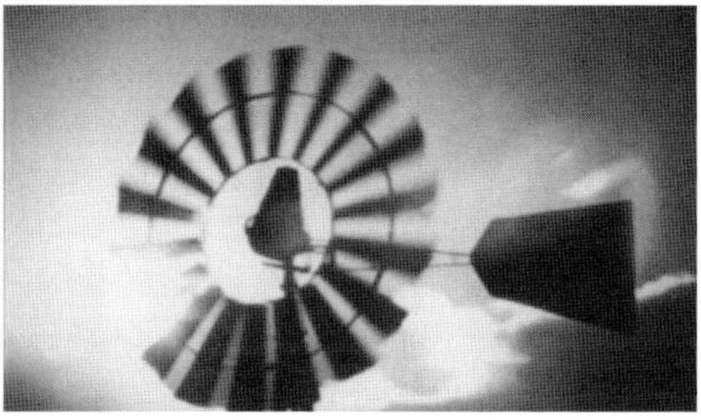

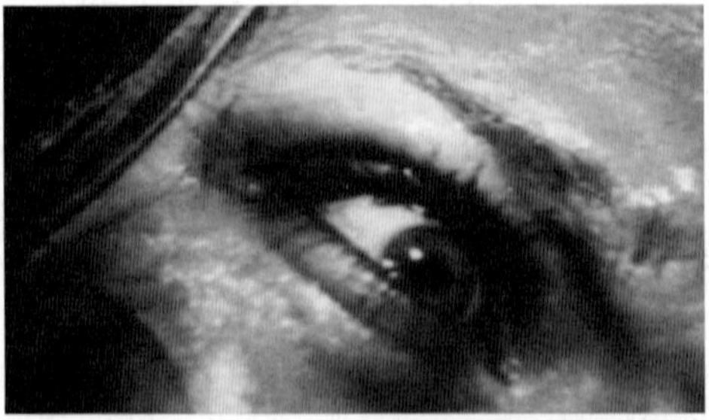

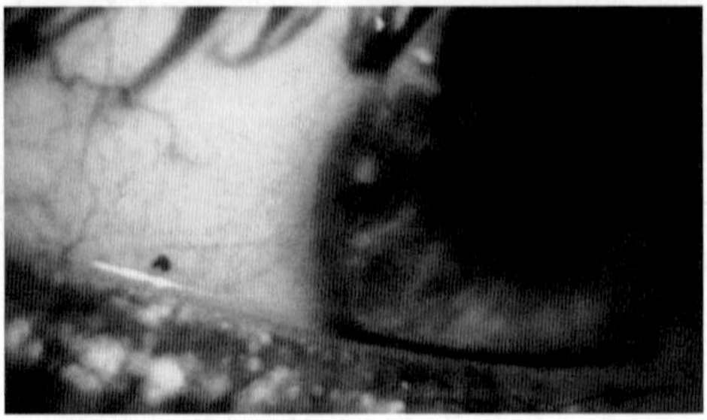

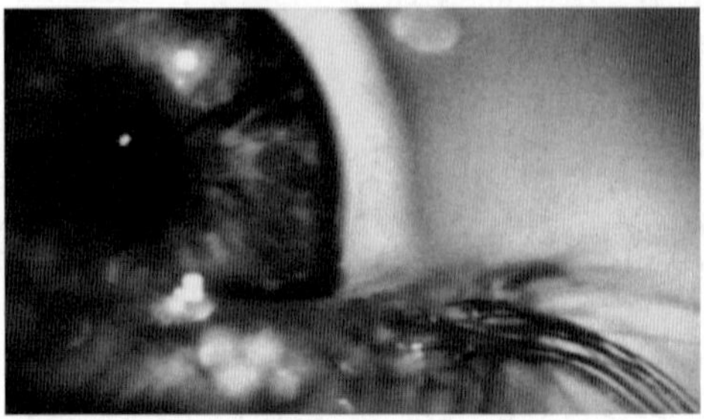

« Le rugissement des lions, le hurlement des loups, le soulèvement de la mer en furie et le glaive destructeur, sont des morceaux d'éternité trop énormes pour l'œil des hommes. » William Blake, Le Mariage du Ciel et de l'Enfer, *José Corti, 1965, traduction André Gide, Collection Romantiques n°2, p.22.*

**« Et l'on voit tout au fond, quand l'œil ose y descendre,
Au-delà de la vie, et du souffle et du bruit.
Un affreux soleil noir d'où rayonne la nuit. »**

Victor Hugo, Ce que dit la bouche d'ombre.

4

Voir et vomir : drame solaire

« *Dans l'agrandissement,* écrit Walter Benjamin, *il s'agit bien moins de rendre simplement précis ce qui sans cela garderait un aspect vague que de mettre en évidence des formations structurelles entièrement nouvelles de la matière.* [1] »

Revenons aux premières images du film. Alternance de phases obscures (un souffle humain signale un effort qui s'accomplit) et lumineuses (plans surexposés, brûlés de membres humains). De l'une à l'autre, l'ampoule d'un flash photographique cadrée de face et en gros-plan, sert de relais. Image *éblouissante* d'une pure énergie. Déjà, le récit peine à se construire : les éléments narratifs s'affichent en morceaux, éclatés, à l'image des bouts de cadavres. Ils ne prendront sens que plus tard. Ce qu'il faut d'abord reconstruire, ce sont les corps et à partir d'eux, une figure, un totem par exemple. Petite fabrique de l'image-cadavre. Mais l'effet visé ici est tout autre : la succession violente de lumière et d'obscurité, de blanc (aveuglant) et de noir (aveuglant aussi), mime un effet stroboscopique, filmé au ralenti. *The Texas Chainsaw Massacre* commence donc par *impressionner,* la pellicule d'abord, puis l'œil du spectateur. Cette idée sera déclinée tout au long du film jusqu'à cette série de très gros-plans qui dissèquent en un montage cut frénétique, l'œil de Sally. Au cours du repas final, Leatherface et les siens commencent par *dévorer leur proie du regard.* Le lien formel tissé entre les yeux de Sally et ces *bouches d'ombre,* pour reprendre les mots de Hugo, suffit à rendre compte de *l'aspiration littérale* de son regard. Hooper reprend alors le principe formel du prologue : surexposition d'un côté (l'œil sur-impressionné), sous-exposition de l'autre (les bouches comme cavernes opaques). C'est aussi l'association entre la bonde de la douche et l'œil mort de Marion Crane dans *Psycho.* Mais ici, pas de couteau. Le montage suffit à inciser les chairs. Pas d'eau sanguine non plus, mais un regard. De l'œil à ces bondes dentées, s'écoule sa vitalité. Les hôtes, qui s'agitent comme des bêtes affamées, voient leur victime mais ne la regarde pas. Or qu'est-ce qu'un individu sans le regard de l'autre ? Un homme invisible (hypothèse fantastique) ou un mort (hypothèse réaliste). Au cours de cette séquence, c'est donc elle, la mort qui infecte le vivant, en commençant par anéantir le regard. Par interlocution. L'extrême proximité de l'objectif avec l'organe traduit enfin cette volonté d'atteindre, derrière la pupille qui se dilate, prête à éclater, la rétine. L'œil filmé alors comme une simple surface sensible. Jusqu'à quel point celui-ci peut-il continuer à voir ? Jusqu'à quel point la rétine

1 *Walter Benjamin,* Écrits français, *Gallimard, p. 163.*

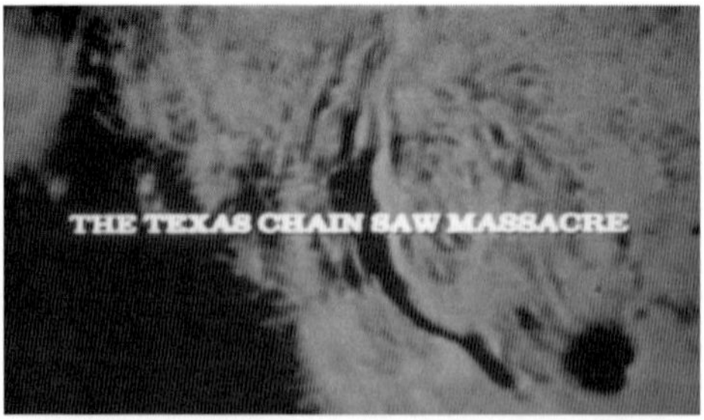

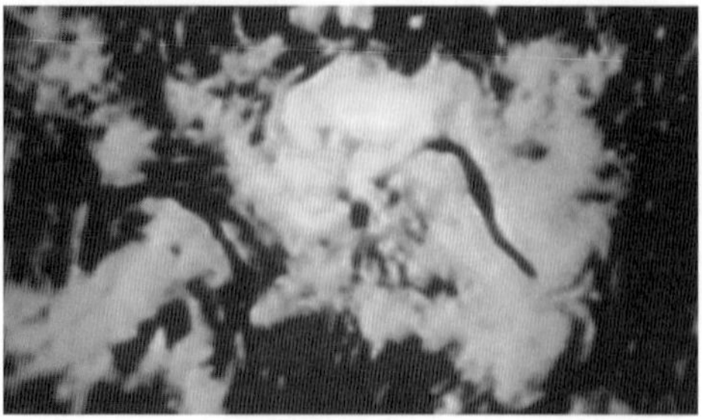

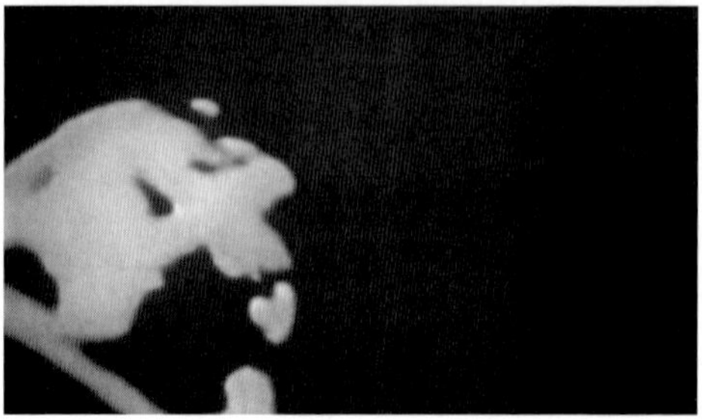

pourra-t-elle résister à l'impression ? Ces gros-plans, insoutenables, pointent enfin l'œil du spectateur en l'obligeant presque à détourner les yeux de l'écran. Sans distance, pas de vision possible. « *Deux cent fois grossi, occupant tout l'écran, notre propre œil qui nous regarde, nous frappe d'inquiétude, de malaise* », écrit Jean Epstein dans *La Féerie réelle*. *The Texas Chainsaw Massacre* est le contraire d'un film voyeuriste, c'est un film de voyant.

Après l'apparition du totem funèbre, surgit une troisième série d'images sur laquelle s'imprime le générique. Images bichromes, en rouge et noir, non-figuratives qui évoquent en même temps : une imagerie médicale (microscopique ou endoscopique : cellules rondes fixées dans un liquide plasmatique), des clichés thermiques (les bulbes incandescents qui s'effilochent de cette structure circulaire ressemblent à des explosions, des giclées de lave filmées au ralenti) et des vues astronomiques (macroscopique : la surface d'un astre en ébullition, le soleil peut-être). Enfin, elles posent la circularité, comme figure matricielle du film. D'un point de vue formel d'abord (montres clouées aux arbres[2], l'œil de Sally, la danse finale de Leatherface, les roues du fauteuil de Franklin, les nombreux plans de lune, de soleil) et d'un point de vue narratif. C'est la circularité du récit déjà repérée. Boucle qui s'invagine à partir de la ligne d'origine prévue (le *road movie*) et plonge les personnages dans une sensation d'éternel présent, de cauchemar, d'avancée immobile.

Notons enfin que tous les plans qui forment ce long prologue (séquence des profanations, plan du totem, séquence du générique) sont montés cut, sans raccord entre eux, créant ainsi dès l'entame, un effet de rupture et de discontinuité figurative très fort. Premiers signes d'une esthétique du chaos, premières fissures

2 Citant au passage Les Montres molles *de Salvador Dali.*

du monde. D'une certaine façon, *The Texas Chainsaw Massacre* radicalise les trips psychédéliques[3] du cinéma contestataire des années soixante avec son montage heurté comme signe d'une société au bord de la fracture. Tobe Hooper a incubé le périple élégiaque des deux motards junkie d'*Easy Rider,* dont il aurait imaginé une version entropique[4], les premiers films de Roger Corman *(The Trip* notamment) mais aussi les films-transes de Kenneth Anger. Il s'est souvenu du symbolisme du pop'art, son goût du collage, ses icônes (la pompe à essence, le moteur à explosion, les tentes, les plaques minéralogiques, les carcasses animales, les vêtements en peaux) et a repris certaines de ses obsessions (la machine contre la nature), mais pour les dégrader.

Avec *The Texas Chainsaw Massacre*, Tobe Hooper n'a pas fait complètement le deuil du récit (aussi minimaliste soit-elle, le film possède une histoire, une orientation, des personnages porteurs d'identifications), mais il l'a inféodé à une prééminence de la matière, de la sensation et a dynamité son fonctionnement de l'intérieur (l'absurdité comme emballement de la causalité). Le commentaire radio détaillant les exactions de la veille aussitôt suivie de la lecture du guide astrologique dit bien le choc entre le documentaire (le réel avéré) et un niveau de fiction proche de l'ésotérisme. Un monde en quête de sens, éperdument.

Véritable hapax du montage du film, la série de gros-plans (presque des inserts) cadrant les yeux de Marilyn Burns conclut la stratégie de mise en scène posée dans le prologue. La violence de cette séquence émane bien sûr de la disproportion des cadrages (tout semble mener à un craquement des tissus)[5], de leur incapacité à se raccorder, du ricanement grotesque des bourreaux mais, surtout, de la déliaison totale des plans. La forte variation d'échelle entre les champs et les contrechamps vire alors à la collusion : parodie d'échange, échange impossible. Héritée de la "coupe directe" expérimentée par Dennis Hopper dans *Easy Rider,* cette séquence porte à son zénith (et à son point de non-retour) l'*intransitivité* du regard. Hooper a retenu la leçon hitchcockienne (un raccord pour un coup de couteau) et en a fait l'étalon de son film. C'est pourquoi, bien avant les horreurs objectivées par l'image, la violence de *The Texas Chainsaw Massacre* s'origine dans la façon dont le film heurte par le montage, la perception du spectateur. Soumis à des changements d'échelles brutaux et imprévisibles, ce dernier se voit contraint à d'incessants réajustements. Le cadre est comme le film, en déséquilibre constant. Dès lors, par le simple jeu d'un montage chaotique, l'action la plus banale se double d'une version catastrophique possible. Le zoom avant rapide qui vient saisir en gros-plan la dent que dépose Kirk dans la main de Pam en fournit une parfaite illustration. Ce qui dans cette scène fait violence, ce n'est pas la présence d'une dent dans une main, mais la façon *anormale* (le zoom est enchâssé entre deux plans plus large en pied – l'un en plongée, l'autre en contre-plongée), avec laquelle elle se

3 *Ainsi Tobe Hooper définit-il,* Eggshells, *son premier film.*

4 *À Dennis Hopper qui s'interroge dans* Easy Rider *sur les comportements de l'Amérique profonde et raciste, son refus de la liberté, Jack Nicholson répond :* « Mais en parler (de LA liberté, Nda) et être libre, ce n'est pas la même chose. C'est dur d'être libre quand on est un produit acheté et vendu au marché. Ne leur dis jamais qu'ils ne sont pas libres, ils se mettraient à tuer et massacrer pour prouver qu'ils le sont. »

5 *Les paupières ouvertes, le mouvement saccadé du globe oculaire, le sentiment de voir sans être vu, nourrissent clairement l'impression de cauchemar.*

manifeste à nous[6]. Celle-ci n'est pas qu'une dent, nous dit-on ici. Alors, le vertige nous gagne et la paranoïa avec lui. Ce rôti, par exemple, qui cuit dans l'âtre de l'oncle, suscite rapidement pour Sally et le Spectateur une lecture catastrophique (l'image d'un devenir-viande). De même que cette marque sanguine qui entache le van, focalise bientôt aux yeux de Franklyn les hypothèses les plus sinistres. Le Texas de Hooper a fait de ses autochtones des criminels et de ses touristes, des paranoïaques qui n'en finissent plus de douter du monde qui les entoure.

Quelques minutes après le meurtre de Kirk, Pam part à la recherche de son ami. En pénétrant dans la maison, elle découvre derrière des tentures, le musée de Leatherface. Toute la séquence qui suit est structurée autour de deux types d'images : celles qui nous montrent le visage de Pam et celles qui détaillent les objets macabres exposés. Sur la bande-son, se mêlent sons industriels, cris électroniques de porcs, de volatiles, peu importe. D'un plan à l'autre, Hooper fait alors varier un maximum de paramètres (grosseur, axe, luminosité, mouvements), il coupe dans les plans à contretemps (soit trop tôt soit trop tard mais jamais à l'instant attendu), fragmente à l'extrême (le champ/contrechamp manque son installation), souligne les raccords, et crée *in fine* une expérience totale de désorientation. D'un point de vue topographique, les champs et les contrechamps ne coïncident plus, le point de vue flotte (on ne sait plus qui de Pam ou de l'espace *regarde l'autre*). Du raccord mais du faux. Naît alors la sensation d'un espace délié, improbable et surtout incohérent, lequel renforce bien entendu l'impossible compréhension de la séquence vécue par le personnage et plus généralement l'absurdité à l'œuvre dans le film.

Et si la séquence dure, si elle bégaye même, c'est qu'elle a besoin de temps pour faire naître chez Pam (et le spectateur) une sensation de malaise puis de dégoût. Il faut saturer l'œil d'images insoutenables, l'empêcher de digérer ses visions, ne pas lui laisser le moindre répit. À la fin, d'ailleurs, Pam a vu et elle vomit. Mais elle vomit autant son repas que le montage spasmodique du film. Celui-ci progresse donc par à-coups brusques, par accidents (la chute Franklin au début, la première apparition de Leatherface). Il accumule les impressions par paquets et cherche obstinément à provoquer le trop plein. La mise en scène de *The Texas Chainsaw Massacre* oscille donc entre deux stratégies : d'un côté, des actions violentes filmées sans emphase (lorsque Leatherface attrape Pam et l'accroche à un crochet, trois plans suffisent) et de l'autre, des actions ordinaires filmées comme des catastrophes. L'étrangeté du film, sa puissance entropique, résulte d'une forme (un milieu) et d'un contenu (un comportement) non réconciliés. Soit l'action est disproportionnée et suscite une réaction neutre, soit elle est banale et suscite une réaction disproportionnée. On observe ainsi une non-coïncidence entre l'action et la réaction, qui n'est pas sans évoquer le travail de Luis Buñuel[7] (lequel, nous le verrons, irrigue le film de Hooper de multiples façons) à propos duquel Charles Tesson écrit : « *C'est en montrant un individu accomplissant normalement un travail de domestique, sans faillir à sa tâche malgré l'écart constaté quant à l'accessoire, que Buñuel parvient à dévoiler la nature effrayante de cette domestication du corps humain soumis entièrement au vêtement de son rôle social* » [8].

6 *Précisons qu'avant le zoom avant, nous avons vu Kirk ramasser la dent qui à ce moment, ne nous a pas semblé effrayante. Ce n'est que quelques secondes plus tard, après le zoom, qu'elle se charge subitement d'un sens catastrophique.*

7 *Action disproportionnée et réaction neutre : l'œil tranché de Simone Mareuil.*

8 *Charles Tesson,* Luis Buñuel, *Cahiers du Cinéma, Paris 1995, p. 139.*

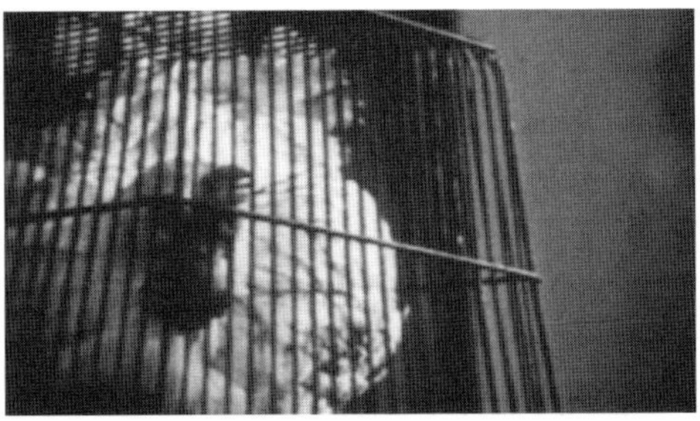

L'Œil, cadavre de la lumière [9]

Naître, dit-on, c'est regarder. Puis crier.

Il y a dans *The Texas Chainsaw Massacre* cette volonté d'anéantir le regard. Rendre l'échange impossible comme prélude à la disparition d'Autrui. Ramener l'œil à un état sauvage et le projeter au sein d'un phénomène sensoriel pur. On songe alors à la distinction faite par Merleau-Ponty dans *L'Œil et l'esprit entre l'espace classique figuratif et l'espace moderne*. Là où le premier appelle une vision à distance, le second (celui de Cézanne mais aussi l'espace abstrait de Klee) englobe la perception du spectateur. Mais à trop l'englober, l'espace de *The Texas Chainsaw Massacre* devient un espace de l'obscénité. Quelque chose comme une opération à vif de ce film (l'écran de cinéma, la distance) qui empêchait jusque-là la collusion totale entre le sujet et l'objet. Ce que disent aussi les gros-plans des yeux de Sally, c'est la volonté de brancher directement le cerveau du spectateur à l'action, en occultant la surface de l'écran, ce terme-tiers. Ce dernier, nous l'avons dit, joue littéralement sa peau et il la perd. « *À l'origine,* déclare Tobe Hooper, *le film devait s'ouvrir par un plan de soleil, qui se dissolvait en fondu enchaîné sur la cornée d'un œil de chien mort, puis un travelling arrière révélait l'animal écrasé sur la chaussée, tandis qu'au loin apparaissait la camionnette des futures victimes* » [10]. Dans la version finale [11], un armadillo a remplacé le chien mais l'idée (associer la lumière et l'œil mort) est restée. En effet, le premier œil du film est celui d'un cadavre, il apparaît dans le prologue mêlé à d'autres membres, et sur lequel Hooper insiste par un raccord dans l'axe violent. Mouvement programmatique du film qui n'aura de cesse de s'approcher de l'œil jusqu'à lui ôter sa fonction (séquence du repas), en faire un organe en somme. Nous l'avons dit, cette séquence boucle le principe formel du film. Ce qui se joue autour de la table, bien avant le meurtre, c'est la mise à mort du regard de Sally. Sur sa pupille dilatée, certains motifs du film font alors retour : les globes oculaires absents du crâne posé sur la table [12], les bouches des bourreaux en forme d'orbites vides, l'œil vitreux du prologue, celui, prévu, du chien mort, les yeux exorbités de Pam, le regard absent de Leatherface (travesti, comme Norman Bates) et enfin, l'œil mort de Marion Crane [13]. Mais Hooper, sept ans avant de la parodier dans l'ouverture de *The Fun House,* réagence la séquence de la douche de *Psycho,* il inverse l'ordre de ses plans. Souvenons-nous, chez Hitchcock, tout commence par le meurtre, avec son montage frénétique. Puis, vient la bonde, un fondu, et l'œil de Marion, cadré en gros-plan. La caméra recule et Marion disparaît symboliquement du cadre. Chez Hooper, c'est l'inverse : on s'approche d'abord de l'œil (des gros-plans toujours plus serrés), on enchaîne sur la bonde (bouches des hôtes) et on attend le meurtre. Dans *Psycho,* la mort de l'œil résulte de la mort tout court, dans *The Texas Chainsaw Massacre*, celle-ci ne fait qu'entériner la mort de l'œil. Meurtre de l'objet du regard chez l'un (cinéma de voyeur) et disparition de soi, meurtre du regard lui-même chez l'autre (cinéma du voyant) [14] et disparition d'Autrui. À la fin du film, Sally ne meurt pas, pire, elle est assassinée de son vivant. Et puis le cri. Dans les deux cas, le duel est le même : une bouche ouverte contre un œil manquant, et en guise d'ar-

9 « Le sujet est un objet disqualifié. Mon œil est le cadavre de la lumière, de la couleur », écrit Gilles Deleuze dans Francis Bacon, Logique de la sensation, *op, cit. p. 361.*

bitre, les coups incisifs du montage et de la bande-son (violons d'un côté, bruits stridents de l'autre). Mais là aussi, Hooper retourne l'image hitchcockienne : la bouche ouverte de Marion se démultiplie et passe du côté des agresseurs tandis que l'œil manquant, lui, effectue le trajet inverse : l'œil manque à Norman parce que ce dernier n'est que silhouette, il manque à Sally parce que l'impuissance du regard l'a disqualifié. Chez Hitchcock, c'est dans la bouche de Marion que naît le premier cri avant de se répandre sur la bande-son (les violons), l'action (les coups de couteaux) et la mise en scène (un cut/un cri). Chez Hooper, le cri constitue d'abord un motif visuel, celui de la déchirure, qui s'incarne dans le montage (le rasoir bunuelien et le couteau de Norman réunis ensemble dans la collure) puis menace de mutiler l'œil de Sally. *Psycho* fait du cri un principe de mise en scène : le cri stridule, favorise la découpe, éclate les matières, rompt le cristal et clive les individus (Norman/Ms Bates). Dans *The Texas Chainsaw Massacre*, le cri est la réponse sonore à la force tranchante de l'image. Comme si la mise en scène avait incorporé la déchirure du rideau d'eau de *Psycho* et de l'œil de Simone Mareuil dans *Un Chien andalou*. Peindre le cri plutôt que l'horreur parce que l'horreur est dans la puissance déchirante du cri. Dans *The Texas Chainsaw Massacre*, l'œil ne voit plus, il crie. Il atteint, en référence au "point de cri" définit par Michel Chion, ce que l'on pourrait appeler un point de vision : l'hapax figural du film qui « *doit tomber à point nommé, exploser à un moment précis, au carrefour de lignes convergentes, au terme d'un parcours souvent alambiqué et disproportionné, mais calculé pour donner à point un maximum d'impact.* [15] »

Mais du film d'Hitchcock à celui de Hooper, d'autres motifs ont également circulé : l'humeur vitrée de l'œil fait écho au rideau d'eau que poignarde Norman (mais aussi à l'humeur qui s'écoule de l'œil tranché d'*Un Chien andalou*), tandis que les paupières relevées de Sally renvoient au rideau de douche que tire Norman en prélude au meurtre de Marion. Reprise de matières dans un cas, d'un mouvement dans l'autre, avec comme origine l'incision accomplie par Buñuel en 1929.

D'une certaine façon, le lien très fort unissant le film de Tobe Hooper à l'œuvre de Buñuel et sur lequel nous reviendrons, tient d'abord à cette même conception d'un montage, suspect, heurté, comme si l'incision oculaire qui ouvrait *Un Chien andalou* (et l'œuvre de Buñuel) s'était répandue à l'échelle du film tout entier. *The Texas Chainsaw Massacre* nous donne à voir une chirurgie de l'œil à mi-chemin des coups de couteaux de Norman Bates et du rasoir de Luis Buñuel. Si Hooper cite souvent le réalisateur de *L'Âge d'or* comme l'une de ses influences majeures, c'est qu'il a su, comme lui, faire coexister au sein d'un

10 In Cinefantastic, *n° 1, 1977, p. 9.*

11 La séquence fut tournée mais supprimée de la version finale.

12 Lien renforcé par le changement de mise au point dans la profondeur entre son œil et les orbites vides du crâne.

13 Motifs auxquels on pourrait rajouter les orbites vides du cadavre de Mrs Bates...

14 Faillite de l'action aussi, à cause des cordes qui attachent Sally à la chaise.

15 « Le point de cri (...) se définirait comme quelque chose qui jaillirait généralement de la bouche d'une femme, qui n'est d'ailleurs pas forcement entendu, mais qui surtout doit tomber à point nommé, exploser à un moment précis, au carrefour de lignes convergentes, au terme d'un parcours souvent alambiqué et disproportionné, mais calculé pour donner à point un maximum d'impact (...). Le point de cri est comme le point de butée des mots, la sortie de l'être. » *In* La Voix au cinéma, *Cahiers du Cinéma, réédition 1993, p. 76-78.*

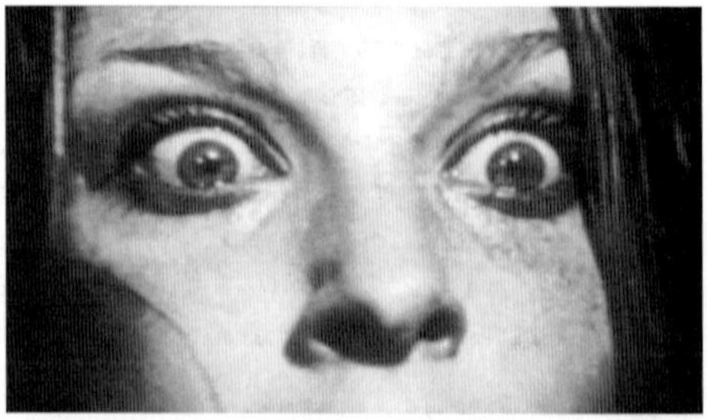

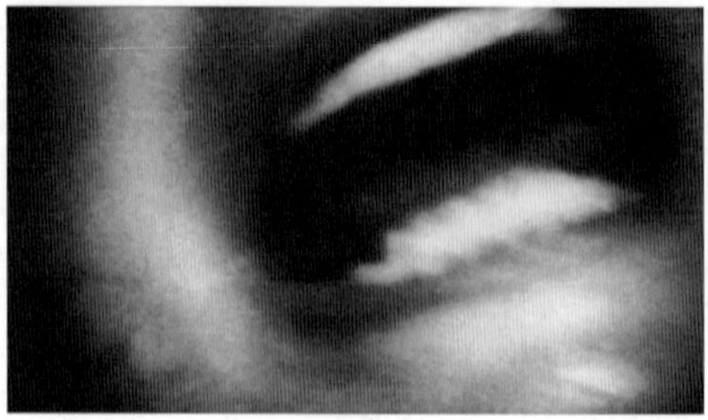

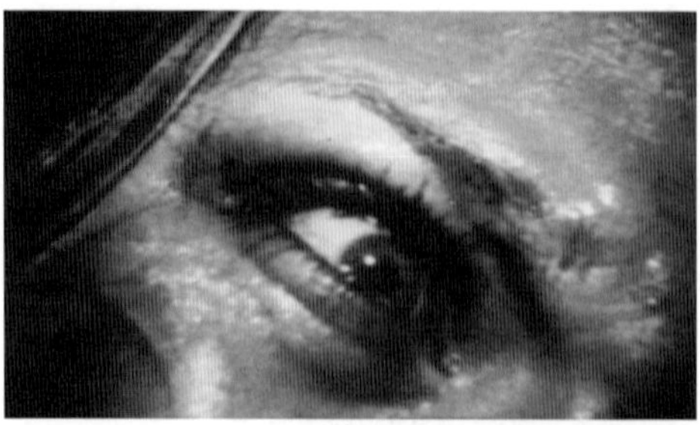

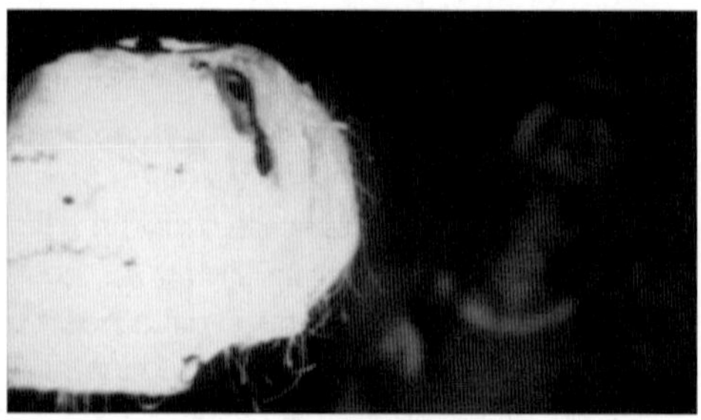

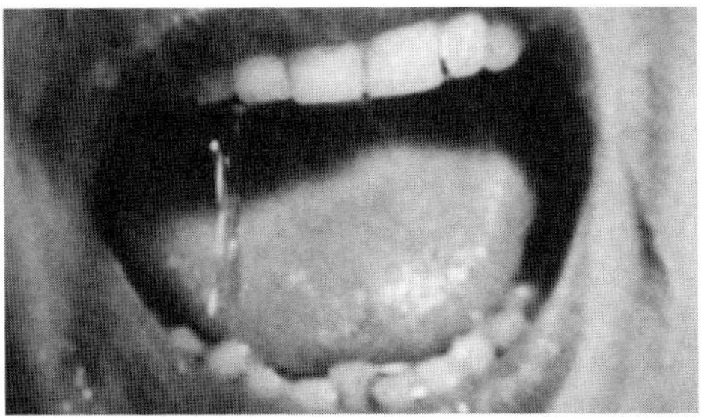

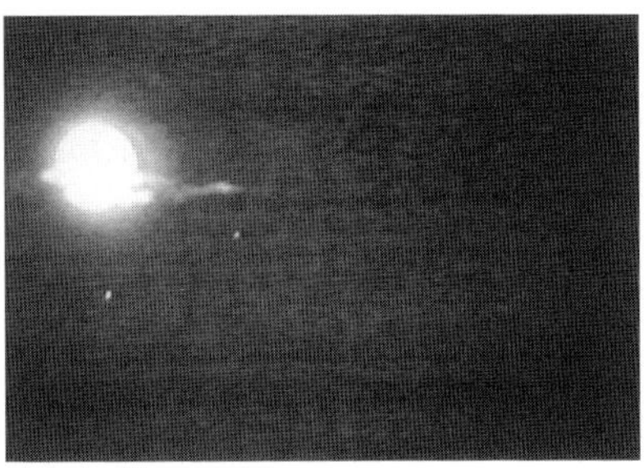

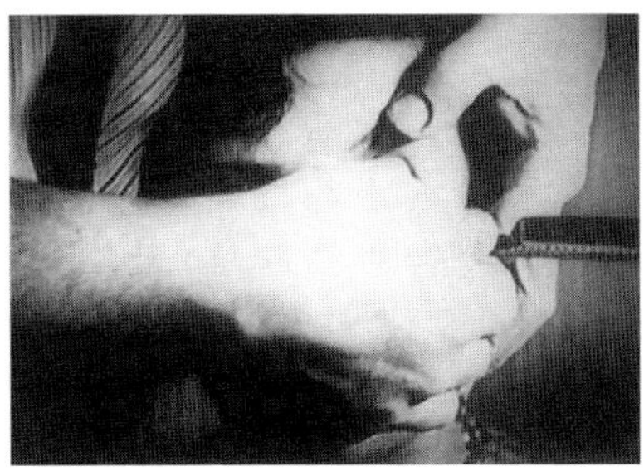

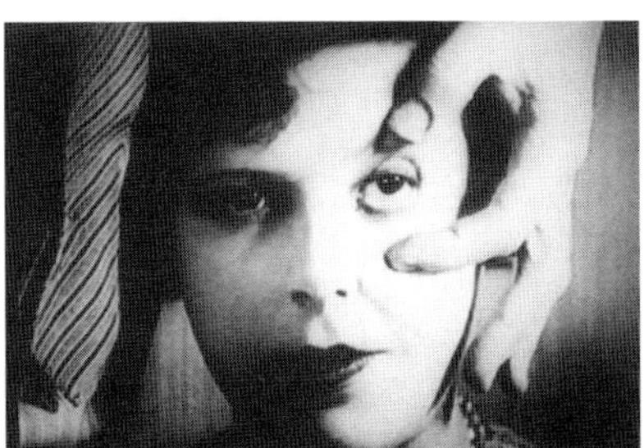

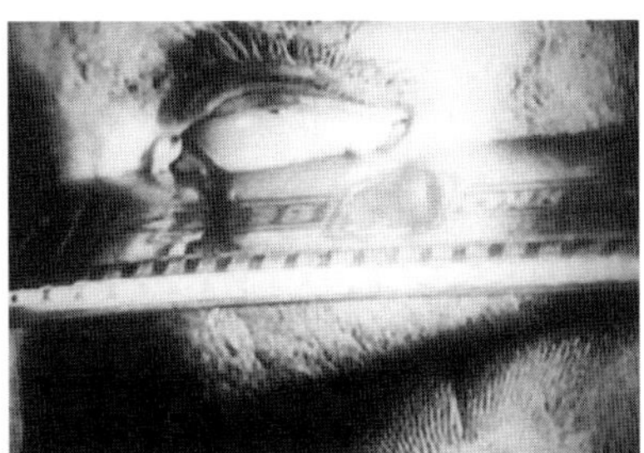

Les quatre ci-dessus : Un Chien andalou *(Luis, Buñuel, 1929).*

même plan des images contradictoires. On peut par exemple voir le prologue de *The Texas Chainsaw Massacre* comme une reprise de la scène inaugurale d'*Un Chien andalou*. « *Il était une fois* », nous dit d'abord et en substance le carton qui ouvre le film de Hooper, en écho à celui de son modèle. Soit la configuration matricielle d'*Un Chien andalou* : une femme à sa fenêtre, un homme avec un rasoir, la lune tranchée par un nuage, l'œil tranché par le rasoir, éclatement de l'humeur. Chez Hooper, on retrouve bien la lune et l'œil du cadavre mais le rasoir, lui, s'est évanoui dans la collure. Désormais, c'est au montage qu'il revient d'inciser l'œil et de découper les corps, comme si dans *The Texas Chainsaw Massacre*, le raccord avait intégré les vertus tranchantes de l'outil bunuelien. L'éclatement enfin. Hooper a choisi d'en faire le mouvement figural de son film et d'en différer la réalisation (au cours du repas, l'œil de Sally craque mais n'éclate pas). Éclatement des matières, éclatement des espaces, éclatement des corps, éclatement du monde tout simplement.

Le totem putréfié, qui apparaît ensuite, cite, lui, un plan de *L'Âge d'or*, celui où l'on découvre les cadavres pourris des évêques collés au rocher sur lequel Rome fut fondée. Mais Hooper ne s'arrête pas là. Tout son film va s'employer à littéraliser le fameux trucage d'*Un Chien andalou*, il va l'effacer. Chez Buñuel, l'œil du cheval valait pour l'œil de Simone Mareuil. Chez Hooper, l'artifice n'a plus lieu d'être. Œil humain, œil animal, peaux de bêtes, chairs humaines, s'équivalent objectivement au sein d'un même ensemble qui n'héberge que viandes et organes.

« *C'est par une scène de non-réaction que Buñuel est entré dans le cinéma.* écrit Charles Tesson. *Non-réaction de la femme dont l'œil tranché au rasoir, produit une humeur vitrée (une réaction d'organe) à défaut d'une réaction émotionnelle. L'œil est devenu organe.* [16] » Voici bien le monde décrit par Tobe Hooper, un monde où d'élémentaires *réactions d'organes* se substituent à la réaction absente de l'autre.

Il y a chez Leatherface, un goût de l'empaillement, de la taxidermie, de la naturalisation. Que trouve-t-on au juste dans son musée ? Des ossements humains, des mobiles, des os pendus, des bancs formés de squelettes et une poule vivante captive d'une cage minuscule, comme échappée d'un film de Buñuel. Cette pièce, intégralement "volaillisée", ancre le film dans la veine naturaliste du réalisateur de *Los Olvidados*. Ici pas de fantastique, de Surnature, pas de talismans ésotériques ni de symboles vaudous mais la reproduction minutieuse d'une réalité dégradée. *The Texas Chainsaw Massacre* apparaît comme le résultat clinique d'un rapport entre une poignée d'individus tarés, la Nature et ses cruelles lois. Une Nature qui est à l'origine de ses propres causes et de ses propres effets. Produits emblématiques d'une nature pathologique, Leatherface et sa famille portent en eux la marque d'un terrible déterminisme de l'hérédité, d'un milieu, le Texas, et de son histoire. Les innombrables signes dont la Famille parsème l'espace (montre clouée, os pendu, marque sur le van...) ne sont alors que des leurres fabriqués en vue de conjurer une Nature qui les accable. Tenter par tous les moyens, de lui ôter sa transparence (autrement dit son facteur déterministe), l'opacifier, la transcender.

16 Charles Tesson, op, cit. p. 137.

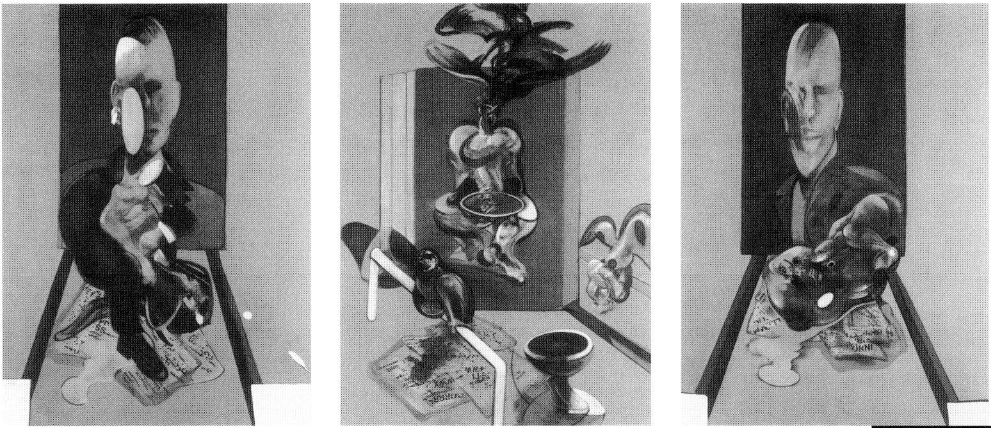

Triptych, *Francis Bacon, 1976.*

Carcase of Meat and Bird of Prey

Du titre d'un tableau de Francis Bacon. Nous avons précédemment tenté de pointer chez Hooper cette stratégie de l'intensité si prégnante dans les tableaux du peintre. Mais c'est aussi dans le choix des motifs, de leur agencement, dans la même conception d'un espace fermé (espace-prison chez Bacon, espace-tombeau chez Hooper) que *The Texas Chainsaw Massacre* relève de l'art baconien. Que l'on songe ainsi au panneau central de *Tryptich,* 1976, où un mobile composé de plumes, d'une tête d'élan, d'une carcasse animale se retrouve suspendu au centre du tableau, tandis qu'un animal indéterminé (à mi-chemin de la chauve-souris, du poulet et du rat) hurle sur un petit portique en métal situé dans le bas du tableau. Comme une version figée de l'atelier de Leatherface. Et puis le célèbre *Painting* (1946) et sa reprise en 1971, *Fragment of a Crucifixion* (1950), *Three Studies for a Crucifixion* (1962, « *Ce n'est plus une crucifixion, c'est presque un massacre, une boucherie de viande et de chair pilée* », déclarait Bacon à Jean Clair à propos du troisième panneau du triptyque) et enfin la plus loquace d'entre toutes, *Carcase of Meat and Bird of Prey*[17]. Chez Bacon comme chez Hooper, la vie apparaît comme un processus de destruction, de dégradation jusqu'à la mort qui obsédait tant le

Painting, *Francis Bacon, 1946.*

17 Peint en 1980.

peintre : « *saisir dans l'apparence des êtres la mort qui travaille en eux. À chaque seconde, perdant un peu de leur vie* »[18]. La viande côtoie l'humain dans une insupportable proximité, la barbaque est exposée, détaillée, cuite. « *C'est moins le morceau de viande qui provoque le recul*, écrit Patrick Baudry à propos des tableaux de Bacon, *que le corps qui vacille en face de la viande (...). Mais ce qui rend sacré, plus que ce qui s'avoue souffreteux et objet d'un dolorisme, c'est l'existence même, vissée à la chair présente. C'est-à-dire une proximité dans la barbaque pressentie, palpée, et ouverte à la façon d'un livre, dans le corps fissuré : celle du cadavre.*[19] »

On ne compte plus dans les toiles de Bacon ces dispositifs qui enferment les figures, les bornent : structures métalliques *(Painting,* 1946 et *Painting,* 1971), cordes de ring *(Study After Velasquez's Portrait of Pope Innocent III,* 1953), cages de verre *(Figure in Movement,* 1976), fenêtres fermées, étouffantes. Ce qu'a retenu Hooper de ces tableaux, c'est enfin un même sentiment de claustration, sur lequel nous avons longuement insisté. L'espace chez Bacon, ne débouche sur une aucune échappée ou promesse de déroulement. Dans ses toiles comme dans le film de Hooper, l'espace ne se parcourt pas, il se ressasse.

Art sacrificiel

Dans *The Texas Chainsaw Massacre,* la nature, morte, désolée, relaye la souffrance des corps. C'est le règne du mélange, des compositions bâtardes, de la violation des frontières, l'animal, l'humain, le vivant, le mort, le mécanique, la nourriture, le déchet, tout se mélange monstrueusement. Leatherface et sa famille, descendants lointains de Norman Bates, ont gardé de leur ancêtre la passion de la taxidermie mais l'ont élevée au rang d'art funèbre. L'humain comme l'animal, une fois occis, découpé, poli à vif, participe de cette matière plastique et charnelle à sculpter. La chair est ornement ou matière première. Déconstruire puis reconstruire de nouveaux monuments, de nouveaux édifices, de nouveaux corps, d'insolites natures mortes. Une corne de bœuf faisant saillie dans la bouche d'un crâne devient objet d'art, de même le totem qui ouvre le film, formé par un cadavre pourrissant tenant dans ses mains la tête d'un autre corps. Et puis ces squelettes de volailles agglomérés à des dents humaines qui pendent le long de cordes ou encore une poule coincée dans une cage trop étroite, un *ready-made* macabre presque. Mais la pièce maîtresse de la collection, la Vanité de Leatherface, trône au centre de son petit théâtre de l'abjection : il s'agit d'une structure osseuse, semblable à une crucifixion figée mais débarrassée de ses chairs, épousant les formes et les montants d'un banc en bois. En dépit de l'ancrage local du fait divers inscrit dans son titre, *The Texas Chainsaw Massacre* ne peut manquer d'évoquer les atrocités perpétrées dans les camps nazis, avec leurs fours à cuire et leur chambre à gaz. Le crâne humain qui trône sur la table à la fin du film, les lampadaires en forme de squelette, les abats jours constitués de peau humaine, l'abattage méthodique et glacial des victimes[20], la manutention des corps et leur découpage studieux,

18 *Francis Bacon,* Entretiens, *op, cit., p. 43.*

19 *Patrick Baudry,* Du corps *in* Arts de chair, La Lettre volée, *Collection Essais, 1998, p. 32.*

20 *D'où l'importance "morale" de l'absence de musique du film.*

disent le pire d'une humanité qui fait retour, sa part maudite universelle.
Le film de Tobe Hooper rejoint alors les préoccupations d'André Masson, dans sa volonté de dépeindre la disparition d'une structure sociale civilisée [21], à partir notamment du motif de l'abattoir, qui occupera l'œuvre du peintre au début des années trente. On sait que celui-ci fut largement inspiré par les horreurs de la première guerre mondiale et de ce qu'elle révéla des capacités de l'homme à anéantir son semblable. Pour Bataille, l'abattoir, espace programmatique de *The Texas Chainsaw Massacre,* symbolise la confrontation de l'ordre et du désordre. Il représente la tâche de sang sur une culture moderne qui refuse de reconnaître sa propre violence. Le travail effectué par Tobe Hooper et Robert A. Burns,

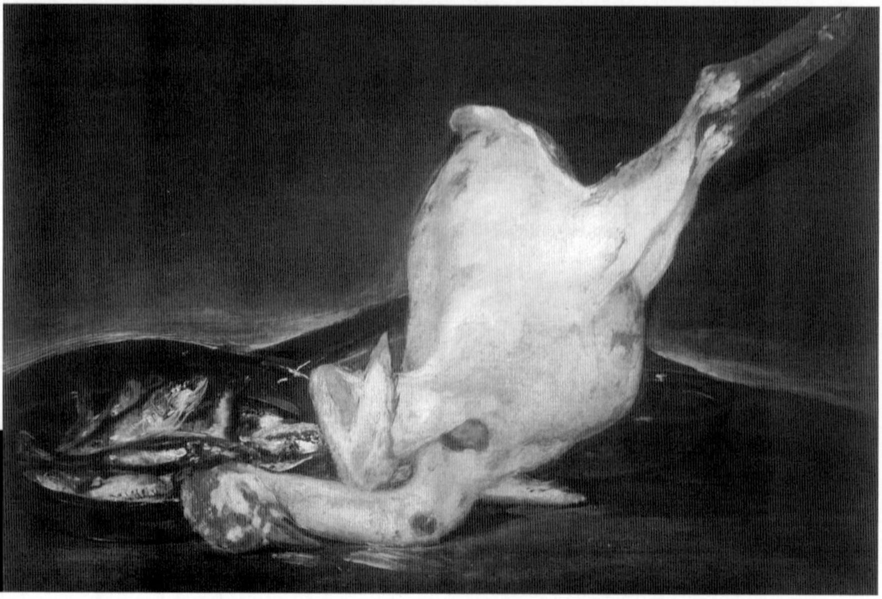

Dindon plume et poissons dans une poêle à frire, *Goya, 1808-1812.*

21 La "Vanité" de Leatherface évoque pour sa part la série des Meubles Animés *peinte par Masson en 1938. Le lien avec Masson, Dali* (Les Montres molles) *et Buñuel notamment, rattache le film de Hooper au surréalisme, l'un des rares mouvements artistiques du vingtième siècle à avoir entrepris la description systématique d'un monde intérieur habité par des monstres. État du bétail et des* cattle drive, *état du pétrole et des républicains, état conservateur enfin. À propos d'*Easy Rider, *Dennis Hopper déclarait :* « Lorsque l'on rencontre Nicholson, la discussion sur ces types aux cheveux longs à qui on rasait la tête au Texas – les flics les arrêtaient puis les rasaient avec de vieilles lames – provenait de la découverte que Paul Lewis et moi avions faite en parcourant le pays. » *Extrait du commentaire de Dennis Hopper présent sur la version DVD du film.*

Le Sang des bêtes *de Georges Franju, 1948.*

directeur artistique du film, s'apparente clairement à une longue histoire de l'art sacrificiel. Que l'on songe seulement au *Bœuf écorché* de Rembrandt (1655), aux *Études de morgue* de Géricault, à la tête de mouton écorché trônant au centre de *L'Étal de boucher* de Goya (1808-1812), aux performances mutilatoires du *Body Art,* ou encore aux scènes de dépeçage et d'égorgement des abattoirs de Paris filmées par Franju dans *Le Sang des bêtes* en 1948.

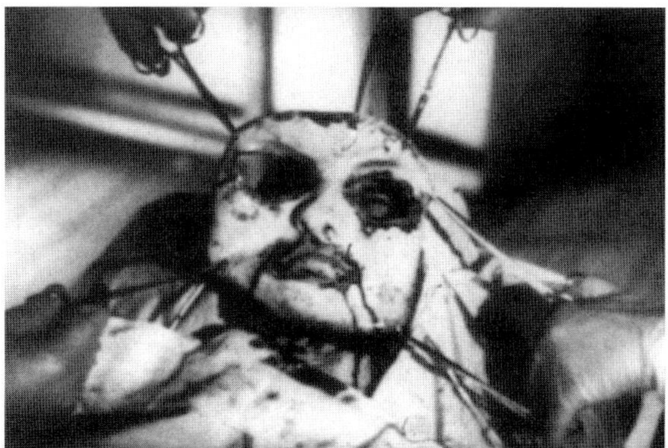

Les Yeux sans visage *de Georges Franju, 1959.*

Franju encore, explicitement cité avec le masque de Leatherface (littéralement "face de cuir") qui se souvient du masque de peau que confectionne Pierre Brasseur pour sa fille défigurée. Dans les deux films, le regard s'est perdu parce qu'il ne trouve plus en l'autre l'étincelle de son écho. Dans *Les Yeux sans visage* comme dans *The Texas Chainsaw Massacre,* le monde se *dévisage* et les rencontres n'ont pas lieu. Le regard d'Édith Scob n'est qu'insoutenable, celui de Sally n'est plus soutenu. Mais si chez Franju, les yeux sont sans visage, chez Hooper, c'est l'inverse : les yeux manquent au visage. Ils sont certes présents, visibles, mais vissés comme de simples organes incapables de renvoyer à l'autre l'étincelle d'un regard.

The Texas Chainsaw Massacre met en scène cette obscénité du visible au sens défini par Jean Baudrillard dans *Les Stratégies fatales* : « *Plus généralement, les choses visibles ne prennent pas fin dans l'obscurité et le silence – elles s'évanouissent dans le plus visible que le visible : l'obscénité* » [22]. Mais en quoi consiste cette obscénité ? L'absence de scène d'abord, c'est-à-dire d'espace au sein duquel un échange peut avoir lieu, peu importe que l'on s'y confronte, que l'on s'y séduise. L'élision d'une distance ensuite. La disparition du secret, enfin. « *Voir suppose la distance, la décision séparatrice, le pouvoir de n'être pas en contact et d'éviter dans le contact la confusion. Voir signifie que cette séparation est devenue rencontre.* [23] » L'obscénité devient une manière de spectacle total, de folie du tout voir, de promiscuité immédiate entre l'œil (le sujet) et sa visée (l'objet). C'est l'horreur du dépliement absolu, des corps, des objets, des faits. La robe du réel craque et se révèle sous toutes les coutures. Pas d'autre sens que le sens qui nous est montré. C'est à ce titre qu'il faut comprendre la multiplication des rideaux dans le film comme prolongements symboliques de la paupière humaine. Le rideau de fer, qui sépare le vestibule de l'abattoir de famille ; les tentures, derrière lesquelles Pam découvre le musée de Leatherface ; la porte coulissante du van qui ouvre sur "l'*autre monde*", autant de motifs qui accompagnent le passage vers un ailleurs toujours monstrueux. Franchir le rideau, aller au-delà, c'est pénétrer sur la scène elle-même. En détruisant ainsi l'espace du regard, les personnages plongent d'eux mêmes dans la spirale de l'obscénité. Mais le mouvement est irréversible : à la fin du film, Sally ne pourra plus fermer ses paupières. L'écran a subit une opération de la cataracte. Pour s'échapper, autrement dit sortir de la scène, c'est très logiquement que Sally se jettera à travers une vitre. Un retour symbolique du monde de l'obscène.

L'obscénité fait ainsi son lit sur une surexposition frénétique dont la pornographie et le gore seraient la version pleinement réalisée. Là où le voyeur fabrique des distances, l'obscène, lui, veut être collé à son objet. Plus de secret, de distance critique, mais juste un étalage des corps, l'abattoir du désir en somme. Sous les coups de ciseaux d'un montage éclaté, l'œil de Pam est noyé dans un trop-plein de vision. La réalité ainsi dépecée épuise l'objet en même temps que le sujet. La poule encagée, le banc osseux, les compositions macabres (à la fois différentes et strictement identiques) se répètent, tournoient dans son œil et le saturent jusqu'à la nausée. L'œil de Sally, lui, achève au moment du repas le processus engagé au début. Mais s'agit-il encore d'un œil ? Il devient plutôt la somme organique de vaisseaux sanguins qui éclatent, d'une pupille qui se dilate, de paupières qui se tuméfient, d'une gueule qui se défait. Devenir-organe puis devenir-cadavre. Sur lui, s'écrase la violence acharnée de ses bourreaux et à travers elle, l'obscénité du monde hooperien. Détaillé, incisé par les raccords, traqué jusque dans son intimité physiologique, l'œil résiste, mais il est au bord de sa métamorphose en organe. À force, l'hystérie du visible modifie les qualités du sujet.

La logique cannibalique du film sert aussi de métaphore à une voracité du regard. « *Qui ouvre la bouche*, écrit Charles Grivel, *exhibe les chicots d'une mâchoire prédatrice et transforme son vis-à-vis en objet d'agression réduit au niveau des substances et des vian-*

22 Jean Baudrillard, Les Stratégies fatales, *Le Livre de poche, Biblio, Essais, p. 11.*
23 Maurice Blanchot, L'Espace littéraire, *Folio, Essais, p. 29.*

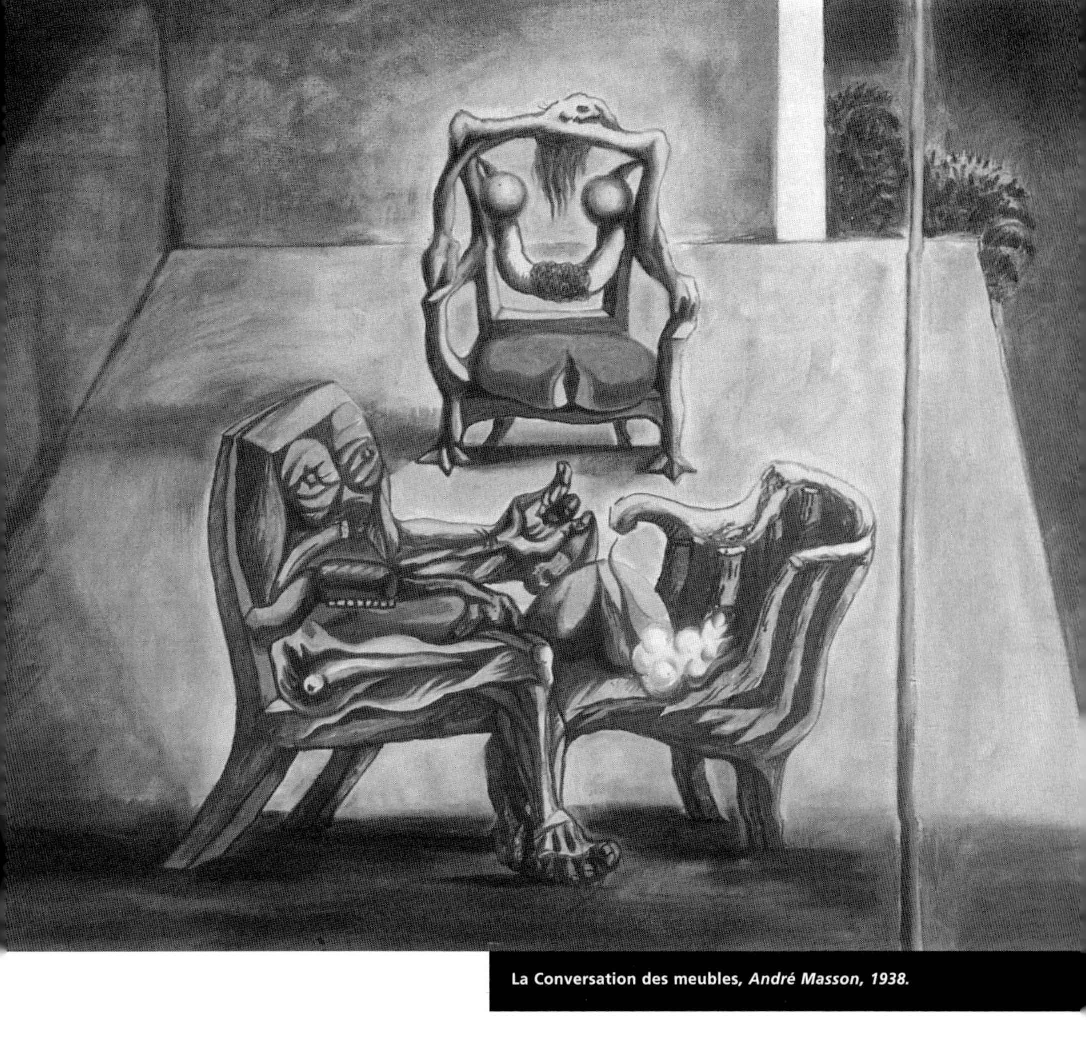

La Conversation des meubles, *André Masson, 1938.*

des : qui regarde la bouche en est la possible victime. [24] » Avant d'être mangée toute crue, Sally est d'abord dévorée de l'intérieur, par ses yeux. Production et consommation se font en même temps. Or, « *on consomme toujours seul et pour soi* »[25]. À ce titre, *The Texas Chainsaw Massacre* est l'avers de *Psycho,* à moins qu'il ne s'agisse de sa version extatique. Norman Bates avait besoin d'un rideau (de douche), d'une perruque, d'un tableau et derrière ce tableau, d'un trou, les *rednecks* du film de Hooper, eux, ont liquidé tous les dispositifs scopiques possibles. L'œil collé à celui de leur victime, littéralement. P*assé le rideau, le voyeur devient obscène.*

« Le banquet cannibale se déroule de nuit, dans la clarté des bûchers où la chair se métmorphose hideusement, où la peau change "de forme et de couleur". Les Rointons "grinçent les dents d'une manière effroyable", ils éclatent d'un rire sardonique quand on implore leur pitié. Leur bouche, à vrai dire, est "d'une grandeur démesurée". Leurs yeux brillent d'un air "cruel et malin". "Stupides et impitoyables", ces Sauvages méritent à peine de retenir le nom d'hommes. Ce sont plutôt "des Tigres revêtus d'une figure humaine. »

Frank Lestringant, Grandeur et décadence du Cannibale. Les passages cités sont tirés de l'abbé Antoine-François Prévost, Le Philosophe Anglois, ou Histoire de Monsieur Cleveland, fils naturel de Cromwell, 1736-1739.

Dans *The Texas Chainsaw Massacre,* les cris ne sont que de vaines litanies lancées à la face du monde et du spectateur. L'imploration, la demande, la supplication deviennent, à cause de la surdité de l'autre, des sons émis par et pour soi (voir les grimaces mimétiques des bourreaux qui lui retournent une image déformée d'elle-même). « *Non pas crier devant…, ni de… mais crier à la mort, etc., pour suggérer cet accouplement de forces, la force sensible du cri et la force insensible de ce qui fait crier* »[26], écrit Deleuze à propos des tableaux de Francis Bacon. Pas d'écho, donc, mais un monologue tragiquement autiste. L'intransitivité du regard de Sally vaut alors comme plan matriciel d'une interlocution portée à l'échelle du monde. D'un monde dans lequel Autrui manque à sa place.

« *Depuis longtemps,* note Jacques Darriulat, *le Saint d'Assise avait proclamé la fraternité du soleil et de l'œil, "Au matin, quand le soleil se lève, tout homme devrait louer qui l'a créé pour notre utilité puisque par lui nos yeux sont illuminés de jour ; et le soir, quand vient la nuit, tout homme devrait le louer pour notre frère le feu, puisque par lui nos yeux sont illuminés de nuit : car nous sommes tous aveugles et le Seigneur par ces deux frères nôtres illumine nos yeux. (…) Seuls voient ceux qui sont vus. L'échange des regards est une*

24 Charles Grivel, Fantastique-fiction, *PUF, Collection Écriture, 1992, p. 174.*
25 Gilles Deleuze, Logique du sens, *Éditions de Minuit, Collection Critique, 1969, p. 365.*
26 Gilles Deleuze, op, cit. p. 41.

transfusion de la grâce". [27] » *The Texas Chainsaw Massacre* est l'histoire d'un monde dans lequel les rencontres qui scellent la communauté des hommes, se retrouvent frappées d'inanité. L'œil écarquillé de Sally, c'est l'épouvante muette d'un regard qui ne trouve nulle part où se réfléchir et qui se tourne vers nous, spectateurs effarés, comme si nous pouvions un instant, incarner son recours. Mais l'écran est comme une glace sans tain. On nous force à la scruter, à la décortiquer même, mais elle, ne nous voit pas. Notre planque ? le point aveugle de son œil [28].

En face d'elle, un miroir déformant : des bouches caverneuses, hideuses, déformées, opaques, étincelantes de cruauté, semblables à des orbites énucléées, lui renvoient l'implacable image d'un échange impossible. Mais cette image est aussi celle, spéculaire, de l'effroi que lui procure la vision méduséenne de sa propre mort. « *Vous vous conduisez comme des porcs !* », dit l'oncle à Leatherface et son frère. Une réplique qu'il faut prendre ici au pied de la lettre : y a-t-il regard de l'autre quand l'autre n'est déjà plus un homme ? Mis bout à bout, ces masques vociférant, remplis de haine, de cruauté et épris de mouvements convulsifs, évoquent ces faces déformées que l'on trouve dans les tableaux de Jérôme Bosch. Dans *Le Portement de Croix* (1515-1516), un rectangle noir croule sous une galerie de visages haineux, grotesques, comme surgissant d'un cauchemar. De face, de profil, on assiste à une prolifération de regards effrayants, qui hurlent leur cupidité, leur bassesse. Mais jamais les yeux de ces bêtes humaines ne croisent leurs regards. Des paires d'organes, pas de distance. Chacun est pris dans les rets d'un monde autiste, sans perspective, définitivement fermé à l'autre. « *L'espace est comme saturé par la lueur perverse, renouvelée de prunelle en prunelle, d'une curiosité inhumaine, envahi par la foule des damnés qui réclament un supplice* » [29]. Ici, c'est comme si l'on avait déplié sur un plan les visages vociférant du film de Hooper. Juste une série de regards qui s'entrechoquent, agglomérés les uns aux autres, enclavés dans des bulles invisibles. « *Parmi cette foule fascinée, collection de têtes disparates, il n'est pas deux regards qui se croisent (...) Le triomphe du Malin démembre la société des hommes* » [30]. Plus que les déformations faciales, le sentiment d'inhumanité qui traverse les tableaux de Bosch relève avant tout de cette faillite absolue du regard à relier les hommes entre eux. La grimace devient *l'expression première d'un chaos intérieur,* comme le dit Charles Grivel, *d'un monde « "pré-humain", pré-nommal, où "sang et sexe sont confusément mêlés"* [31] ». « *Les gens du même monde ne se regardent pas, ils se côtoient,* écrit Aude d'Achon. *Les yeux ouverts, de face, de celui qui nous fixe, nous désignent aussi comme l'autre, point obscur, cible incertaine de la leçon. Mais si la cible est incertaine c'est que la leçon l'est aussi. Tout se tient dans le circuit des regards au point que nous pourrions croire à un simple agencement de miroirs (...). La leçon se tiendrait alors*

27 Jacques Darriulat, Métaphores du regard, essai sur la formation des images en Europe depuis Giotto. *Éditions de la Lagune, 1993, p. 159.*

28 Tâche de Mariotte, du nom du physicien qui découvrit en 1668, qu'à l'endroit où le nerf optique vient se raccorder au globe oculaire, les cellules visuelles sont incapables de transmettre les informations au cerveau. C'est le point aveugle de l'œil.

29 Jacques Darriulat, op, cit. p. 185.

30 Jacques Darriulat, op, cit, p. 186.

31 Charles Grivel, op, cit. p. 170.

dans cette problématique articulation entre le voir et le faire.[32] » Des banquets de *Viridiana* à la cène presque grotesque peinte par Léonard sur les murs du réfectoire Santa Maria delle Grazie, des tablées festives de Bruegel, au repas de *The Texas Chainsaw Massacre,* une même inhumanité se révèle.

Le corps, cadavre du soleil

À trois reprises, dans *The Texas Chainsaw Massacre,* on observe un changement de mise au point appuyé qui s'effectue dans la profondeur de champ[33]. Le premier de ces effets se situe au début du film lorsqu'après le générique, le soleil apparaît plein champ. Puis, par un fondu enchaîné, on découvre au premier plan, l'image d'un armadillo retourné sur le macadam. Sur la droite du cadre, surgit alors une masse verdâtre, floue, se déplaçant au fond du plan. Un changement de mise au point de l'animal à l'objet, nous révèle enfin qu'il s'agit d'un van. Plus tard, Jerry part à la recherche de Pam et Kirk, tués quelques minutes plus tôt. Un plan d'ensemble nous montre Jerry s'avancer vers le fond du plan, où rougeoie le soleil, c'est l'heure du crépuscule. Mais lorsqu'il entre dans le cadre, ce dernier n'est rien d'autre qu'une silhouette imprécise, une tâche humaine se découpant sur un fond incandescent. Un nouveau changement de mise au point dans la profondeur fait basculer la netteté de l'arrière à l'avant-plan : Jerry retrouve ses contours, sa définition, tandis que le soleil, jusque-là parfaitement net, perd la sienne. Changement de focale ou effet de fondu, il s'agit dans ces deux exemples, d'un échange de netteté entre deux corps, deux objets, deux plans. Effet de sablier donc, puisque ce que l'un perd en contour, l'autre le gagne. Mais de l'armadillo au van, puis du soleil au personnage, l'échange consiste aussi en une contamination réciproque

32 *Aude d'Achon,* Jérôme Bosch, par-delà l'envers et l'endroit, *Éditions de la Différence, Collection Essais, 1984, p. 32.*

33 *Le troisième exemple, déjà analysé, intervient au début de la séquence du repas, juste après le réveil de Sally. Ce sont les changements de mise au point successifs entre la tête du coq, la carapace de l'armadillo, le crâne et le visage du grand-père.*

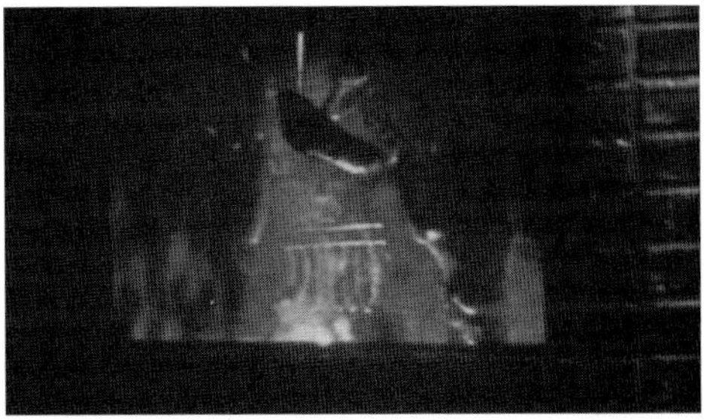

voire une lutte entre deux corps dont la présence à l'image serait l'enjeu. Ainsi, le changement de mise au point de l'armadillo au van, devient l'image d'une contamination de l'humain (ses occupants) par l'animal (une équivalence même : échange d'une qualité qui serait la netteté), mais aussi de la vie par la mort. Le soleil qui écrase littéralement Jerry jusqu'à le dissoudre dans l'image montre, lui, la force corrosive de la lumière et préfigure le devenir-pourriture des corps. Contamination, infection, transmission, autant de phénomènes optiques qui déclinent le thème du vampirisme, si saillant dans le film de Hooper. Mais le mythe n'a pas ici qu'une valeur intertextuelle (omniprésence des dents, profanations des tombes, brûlure des corps à la lumière, pactes en forme d'invitation [34], succion du doigt de Sally par le grand-père [35], *« On vient d'embarquer le conte Dracula »,* dit Kirk de l'auto-stoppeur), il qualifie le lien contagieux entre la lumière, les corps des personnages et la pellicule elle-même.

The Texas Chainsaw Massacre est un film caniculaire. La lumière solaire dépose à l'intérieur des corps le sel de leur décomposition. Le film s'ouvre sur une série de flashes qui révèlent la présence de cadavres pourrissants. La lumière y apparaît déjà sous sa forme négative : elle n'éclaire pas, elle aveugle, surexpose les corps, précipite leur dégradation, autrement dit, elle est l'agent actif de la mort. C'est aussi le totem putréfié qui se dresse en plein soleil, ce même soleil qui se surimpressionne au cadavre de l'armadillo et déshydrate les bovins. On songe aux vers de Baudelaire dans *Charogne* : *« Et le ciel regardait la carcasse superbe/Comme une fleur s'épanouir ».* Dans le van, l'auto-stoppeur brûle un cliché qu'il vient de prendre de Franklin : chair humaine et support photographique se confondent, cramer l'un c'est cramer l'autre. La lumière ne fait pas de quartier. Le soleil à nouveau, s'attaque au corps (Jerry : tenir dans l'image, malgré le soleil), détruit les cerveaux (voir le lien très clair établi entre ce laveur de vitre taré et le soleil qu'il ne cesse de contempler) et rend les gens fous (il sature l'espace d'une énergie meurtrière

34 L'oncle qui leur propose de rester pour le barbecue, les saucisses achetées par Kirk.

35 Qui renvoie également à la piqûre du conte de fées. Notons aussi le mouvement du corps de Pam qui s'extrait du frigo et qui parodie le mouvement du vampire sortant de son cercueil à la tombée du soleil.

dont les autochtones ne savent que faire[36]). *The Texas Chainsaw Massacre* est hanté par les processus de décomposition, de putréfaction, de pourriture, de corrosion. Mélange constant de soleil, de puanteur et de mort, le Texas de Tobe Hooper ressemble aux arènes de Madrid décrites par Georges Bataille dans *L'Œil de Granero*: « *Le rayonnement solaire, à la longue, nous absorbait dans une irréalité conforme à notre malaise (...) Le visage grimaçant sous l'effet du soleil, de la soif et de* l'exaspération des sens, [37] *nous partagions cette déliquescence morose où les éléments ne s'accordent plus.* »

Ce qui fait horreur, provoque le dégoût, c'est toujours le corps. Le corps de la Chose, de la Bête, de la Créature, du Monstre, mais en tant qu'il met en doute notre propre humanité. Peur de ce qui de nous, choit du côté de l'impensable, de l'inhumain, de l'abject dirait Kristeva. Tobe Hooper ne s'intéresse pas au disparaître (le hors champ, comme réservoir de la peur, est sans cesse désactivé), au devenir-monstre des personnages ni à la mort – ce en quoi il s'éloigne radicalement des préoccupations figuratives du cinéma fantastique – il filme la catastrophe du corps humain, ses états extrêmes: la viande d'un côté, le cadavre de l'autre. Le personnage ne meurt jamais parce que son corps n'en finit pas de revenir dans le cadre. On le déterre, on le découpe, on l'expose dans une collection, on le recycle, mais on lui refuse toujours le privilège de reposer (pourrir) en paix. Devenir-viande ou devenir-charogne. Dès lors, ce qu'il reste d'humanité se réduit à deux camps: les bouchers et le bétail. Réalisé en plein milieu des années soixante-dix, *The Texas Chainsaw Massacre,* avec ses adolescents en pattes d'éléphant et en tee-shirts moulants, plongés en pleine mode végétarienne et mystique, projetait au visage de la génération hippie un cauchemar carnivore et profane.

Rear Window: Jeffries (James Stewart) tente de repousser Thornwald, l'homme qu'il soupçonne depuis le début d'avoir découpé sa femme. La jambe plâtrée, immobilisé dans son fauteuil roulant, Jeffries prend son appareil photo. Grâce aux flashes qu'il déclenche, il parvient à éblouir Thornwald et ralentir ainsi son avancée. La lumière, la surexposition du corps[38] permettent d'immobiliser quelques secondes l'agresseur. Son effet est paralysant.

The Texas Chainsaw Massacre: la nuit est tombée et Sally décide de partir avec Franklin à la recherche de ses amis. Elle pousse le fauteuil de son frère qui tient une lampe torche dans la main. Soudain, ils s'arrêtent. Franklin a entendu un bruit. Il dirige sa lampe vers la zone suspecte. Leatherface apparaît en alors pleine lumière, en brandissant sa tronçonneuse. Sally s'enfuit, Franklin est tué, la lampe torche tombe à ses pieds.

Tobe Hooper reprend le dispositif du film d'Hitchcock mais en inverse le ressort. La lumière bloque l'action de Thornwald tandis qu'elle révèle celle de Leatherface; dans un cas, elle préserve la vie, dans l'autre, elle précipite la mort en créant un espace létal. Dans les films de peur, le Mal se tapit toujours dans l'ombre, son terrain d'élection est celui du caché, de l'inconnu qui surgit de la profondeur (spatiale ou psychologique). Il appartient au domaine de l'ailleurs. *Dans The Texas Chainsaw Massacre* (et l'Amérique d'alors), le Mal agit

36 *Voir* Énergies américaines.

37 *Georges Bataille,* Histoire de l'œil, L'Imaginaire, *Gallimard, p. 78. C'est nous qui soulignons.*

38 *Le jeu du montage aussi, qui reproduit le paradoxe de Zénon (l'espace s'étire à la mesure des coupes).*

en pleine lumière, il fait irruption mais toujours de face. Le mal est désormais sous nos yeux, à la surface. Il appartient au domaine de l'ici.

Pourquoi Tobe Hooper, éprouve-t-il alors le besoin de cadrer cette lampe torche allumée qui gît aux pieds du fauteuil roulant ? D'abord parce que dans *The Texas Chainsaw Massacre*, la lumière est associée à la mort (« *Il y a de la lumière, c'est peut-être une maison* », dira Sally juste l'apparition de Leatherface). Ensuite, parce que le corps, lui, ne meurt pas tout de suite. Il va s'éteindre à petits feux, laissant s'écouler son énergie. Et, nous l'avons dit, l'énergie est la question centrale du film, c'est elle qu'il faut brûler, consumer, convertir, au risque que le monde implose. La torche vaut alors pour le corps de Franklin (la chair comme pure énergie), c'est le *Bœuf Écorché* de Rembrandt, « *une lampe en devenir (...). La prodigieuse énergie qu'il recèle s'épuise, comme une pile vivante en train de se décharger. La vie est cette effervescence intense, mais provisoire. Elle est la vitesse de réaction de la matière dans la lumière. Elle est le devenir de la mort dans la substance vivante (...). Toute chair matérielle, en proie au devenir, est un phénomène de bioluminescence.* [39] »

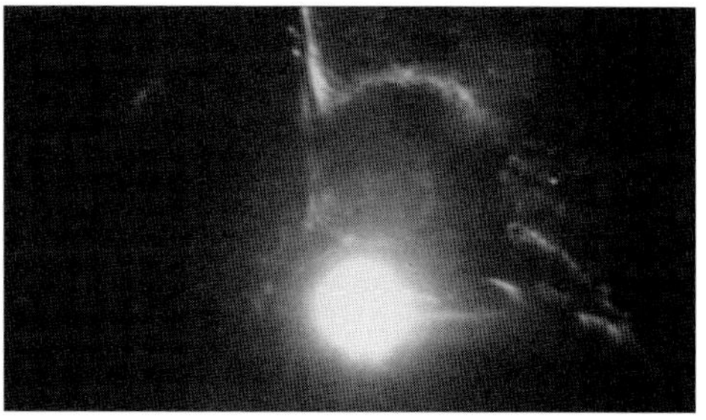

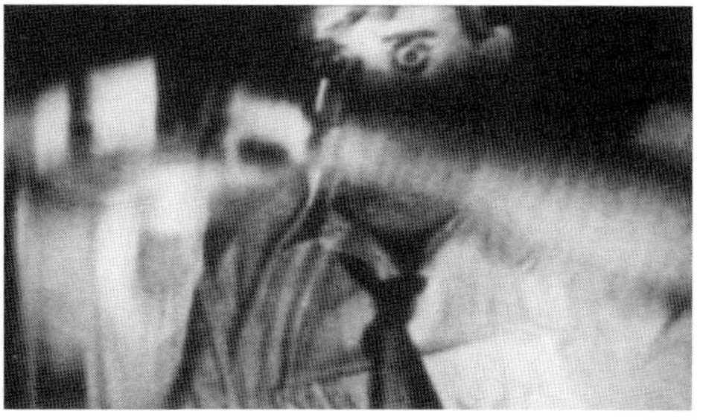

39 *Jacques Darriulat, op, cit. p. 381.*

Digérer Psychose

— We all go a little mad sometimes
— You eat like a bird.
Norman Bates

« L'homme n'a pas seulement besoin de meurtre. Il a besoin aussi d'un solide repas. »
Alfred Hitchcock

En 1997, Martin Lefebvre a tenté de forger à partir de *Psycho,* et plus particulièrement de la séquence de la douche, une théorie de l'acte de spectature, à savoir : « *une activité, un acte, à travers quoi un individu qui assiste à la présentation d'un film – le spectateur – met à jour des informations filmiques, les organise, les assimile et les intègre à l'ensemble des savoirs, des imaginaires, des systèmes de signes (...). La spectature est, pour le spectateur, le lieu d'une mise en signe du film.* [40] » Au lieu de viser une herméneutique du film, c'est-à-dire tenter d'en révéler la structure, la logique interne ou le sens latent (en bref tout ce qui constitue le propre de l'analyse filmique), la spectature se place du côté de la réception spectatorielle et marque l'émergence d'une figure. Non pas celle inscrite par le cinéaste dans le dispositif d'identification du film (à ce jeu-là, Hitchcock est un maître), mais celle marquant « *l'intégration imaginaire des segments et des formes qui impressionnent le spectateur. Son émergence suppose le travail conjoint de l'imagination et de la mémoire dans le but de construire une memoria de ce qui impressionne.* [41]» Dans cette "mise en signe" du film par le spectateur, l'auteur identifie une forme, à savoir « l'argument du film tel que le spectateur le construit. [42] » « *Dans la mesure où la série figurale repose sur la réémergence de la figure chez le spectateur,* ajoute Lefebvre, *une première émergence doit être postulée à partir d'un acte de spectature "fondateur" dont l'objet constitue le film "fondateur" de la série.* [43]» En élisant *Psycho* comme objet fondateur, Tobe Hooper, cinéaste mais d'abord spectateur, met à jour certains des thèmes latents dans le film d'Hitchcock en même temps qu'il donne à voir le fondement de son rapport intime (donc subjectif, fantasmé) avec lui. Nous tenterons ici d'en identifier quelques-unes des motifs de cette *memoria filmique.*

40 Martin Lefebvre, Psycho, De la figure au musée imaginaire. Théorie et pratique de l'acte de spectature. *Champs Visuels, L'Harmattan, Québec, 1997, p. 25.*

41 & 42 M. Lefebvre, op, cit. p. 13.

43 M. Lefebvre, op, cit. p. 16.

Marion Crane : du marais au cimetière

« Tant sur le plan cosmologique que sur le plan anthropologique, l'immersion dans les Eaux équivaut non à une extinction définitive mais à une réintégration passagère dans l'indistinct, suivie d'une nouvelle création, d'une nouvelle vie ou d'un "homme nouveau", selon qu'il s'agit d'un moment cosmique, biologique ou sotériologique. » (Mircea Eliade)

À la fin de *Psycho*, les autorités locales draguent le marais et extraient la voiture de Marion Crane. Tirée par un énorme treuil, celle-ci réapparaît lentement à la surface, recouverte de boue, de terres et d'eau. Puis les lignes horizontales de Saul Bass font saillie sur les bords du cadre et interrompent le mouvement de remontée, c'est le générique de fin. Au début de *The Texas Chainsaw Massacre*, un homme déterre des cadavres, incrustés dans un même mélange de boue et de terre. Mais entre temps, le marais s'est asséché, c'est devenu un cimetière. L'homme creuse et achève le travail commencé trente-cinq ans plus tôt. Après un long séjour dans l'indistinct, le corps de Marion Crane remonte enfin à la surface. Après plusieurs

The Texas Chainsaw Massacre ***: poursuivre le mouvement intérieur de*** **Psycho.**

années passées dans le fond du lac, celui-ci ressemble maintenant aux cadavres déliquescents du prologue. Pourrissant, rongé par les vers, ce qu'il reste du corps de Marion se tient maintenant debout dans un cimetière situé en plein cœur du Texas. Tel serait le premier mouvement qui relierait *Psycho* au film de Hooper. Une exhumation commencée à la fin du premier et reprise au début du second, une ellipse monstrueuse de trente-cinq ans contenue dans un raccord, du dernier plan de *Psycho,* au premier de *The Texas Chainsaw Massacre.* Commence alors un long commentaire du film d'Hitchcock [44], le récit d'une impression en somme, illustré par un passage de la surface à la profondeur. Plongée en apnée à l'intérieur d'un film matrice, dont il s'agira d'explorer puis de faire remonter la part enfouie. Nous aurons donc le privilège de voyager dans le corps de Norman Bates (la schizophrénie), dans ses désirs profonds (le cannibalisme), *The Texas Chainsaw Massacre,* c'est *l'aventure intérieure* dans le corps de *Psycho.*

Petit précis d'approfondissement :

L'autre film, l'absurdité

– Après la visite de la maison de famille des Hardesty, Kirk et Pam demandent à Franklin de leur indiquer le chemin qui conduit à la rivière. Mais, une série d'événements imprévus, conduira les deux adolescents dans la maison de Leatherface. Partis pour *prendre un bain*, Kirk et Pam plongent dans la douche de *Psycho.* L'ouverture du rideau (de fer) leur sera fatale.

– La pluie, la nuit, les phares aveuglants [45], conduisent Marion Crane à bifurquer de sa route initiale vers le Bates Motel. Le soleil, la chaleur, le manque d'essence conduisent Sally, Franklin et les autres à bifurquer vers la maison de Leatherface. À l'instar de *Psycho,* changeant de personnage principal, de récit et d'enjeu au bout de quarante-cinq minutes [46], *The Texas Chainsaw Massacre* plonge ses personnages dans un autre film. Le film ne sera pas le récit de leurs vacances mais la tragédie de leur disparition. Si le meurtre de Marion ébranla le principe de causalité (un film puis un autre), ceux du film de Hooper, l'anéantit complètement. Nous sommes entrés dans l'ère de l'absurdité.

– À l'origine, Tobe Hooper avait choisi d'ouvrir le film par un chien mort. Littéralement *"a dead dog in the middle of the road"*, en référence à la chanson éponyme. La caméra devait partir de l'œil vitreux du chien puis reculer lentement, tandis qu'à l'arrière-plan le van entrait dans le champ par la droite du cadre. Jugeant finalement cette image répugnante, Hooper choisit de remplacer le chien par un armadillo et opta pour un plan fixe. Le dispositif initialement prévu (travelling arrière à partir d'un œil mort, interlocution impossible entre le spectateur et l'animal) comme écho du fameux travelling qui partait de l'œil mort de Marion Crane.

– Kirk vient d'être assassiné. Pam, qui l'attendait sur une balançoire se lève et se dirige vers la maison maudite. Caméra au sol, Hooper filme sa progression vers le pas de la porte.

44 Nous ne reviendrons pas sur la relecture de la séquence de la douche commentée plus haut.

45 Le motif des phares aveuglants est repris sous forme de flashes au début du film de Hooper. Dans les deux cas, se joue un trop-plein de vision.

46 Notons que cette "liquidation" est précédée de deux actions qui l'annoncent : le changement de voiture de Marion et les toilettes : Norman jette l'enveloppe pleine de billets dans la cuvette et tire la chasse (évacuation du premier récit). Mouvement achevé par l'engloutissement de la voiture de Marion dans le lac.

Le plan (Pam se retrouve épinglée dans un cadre et un travelling avant qui l'accule vers sa propre mort) évoque l'avancée de Lila vers la maison de Norman Bates à la fin de *Psycho* mais privée de son contrechamp. Pam pénètre dans le vestibule de la maison, dont la configuration rappelle la demeure victorienne des Bates. Mais Hooper, inverse la disposition des pièces : la chambre de Norman n'est plus située à l'étage, mais au rez-de-chaussée (c'est l'atelier macabre de Leatherface), tandis que les grands-parents momifiés (qui citent explicitement le cadavre de Ms Bates) sont remontés de la cave à l'étage. Inversion spatiale qui reprend le mouvement fondateur du film de Hooper (faire remonter à la surface) et explique l'absence de cave dans la maison de *The Texas Chainsaw Massacre.*

Appétit d'oiseau, appétit d'ogre

Le scénario de *Psycho,* écrit par Joseph Stefano, fut tiré d'un roman éponyme de Robert Bloch, inspiré des agissements de Ed Gein, un fermier du Wisconsin, tueur cannibale dont les exactions furent découvertes en 1957. C'est le même fait divers qui inspirera l'histoire de *The Texas Chainsaw Massacre.* Mais si dans le film d'Hitchcock la dimension cannibalique n'est traitée qu'en filigrane, elle réapparaît au premier plan chez Hooper jusqu'à former son ossature principale. En revenant aux sources du faits-divers, *The Texas Chainsaw Massacre* révèle donc, au sens photographique du terme, le cannibalisme à l'œuvre dans *Psycho*[47].

Si comme le remarque Jean Douchet, Norman est l'un des trois uniques héros hitchcockiens à ne pas manger (avec le père Logan dans *La Loi du silence* et Balestrero dans *L'Homme qui en savait trop)*[48], c'est que, selon lui, « *toute absorption matérielle, de quelque nature qu'elle fut, introduirait en Norman un élément du monde vrai qu'il fuit et rejette radicalement.* » Soit la lecture suivante : Norman Bates désire manger Marion, il a faim d'elle. Mais son envie ne dépasse pas le stade symbolique. Il se transforme alors en voyeur et la dévore des yeux. « *Comment ne pas voir en "Crane", l'oiseau dévorant qui va mourir, l'anagramme de carne, la viande ? Ne pourrions-nous pas, du même coup, découper Bates de la façon suivante : /B-ates/, ce qui a pour effet de mettre en évidence un acte alimentaire ? ("manger"). Voilà donc en quelque sorte, Marion, l'oiseau de proie ("chick", "bird", "grue") qui devient la proie dévorée après avoir mordu à l'appât (au* bait *en anglais) que représente l'enseigne lumineuse du Bates Motel au bord de la route désaffectée, et que Norman allume pour attirer des clients égarés.*[49] » Pour Lefebvre, la fonction du couteau dont s'empare Norman Bates pour tuer Marion doit être prise au pied de la lettre : un ustensile de cuisine servant habituellement à la découpe de la viande. Mais ici, la viande se découpe dans la douche et de surcroît, près des toilettes (voir le mouvement de caméra final reliant explicitement l'œil mort de Marion au sachet contenant les billets, lequel, quelques minutes plus tard, sera jeté aux toilettes par Norman). *Psycho* tisse ici un lien entre l'endroit où l'on prépare les aliments, celui où on les mange et celui où on les expulse, la salle de bain[50].

47 Joseph Stefano reconnaissait avoir transformé le personnage du roman. D'abject, gros et vulgaire (ce que sera Leatherface), il en a fait un être glamour et charmeur.

48 Jean Douchet, Alfred Hitchcock, *Petite bibliothèque des Cahiers du Cinéma, p. 111.*

49 Martin Lefebvre, op, cit. p. 122.

50 Voir la scène où l'oncle bat Sally à l'aide d'un balai, la faisant passer de l'âtre (où cuit un morceau de viande) aux toilettes.

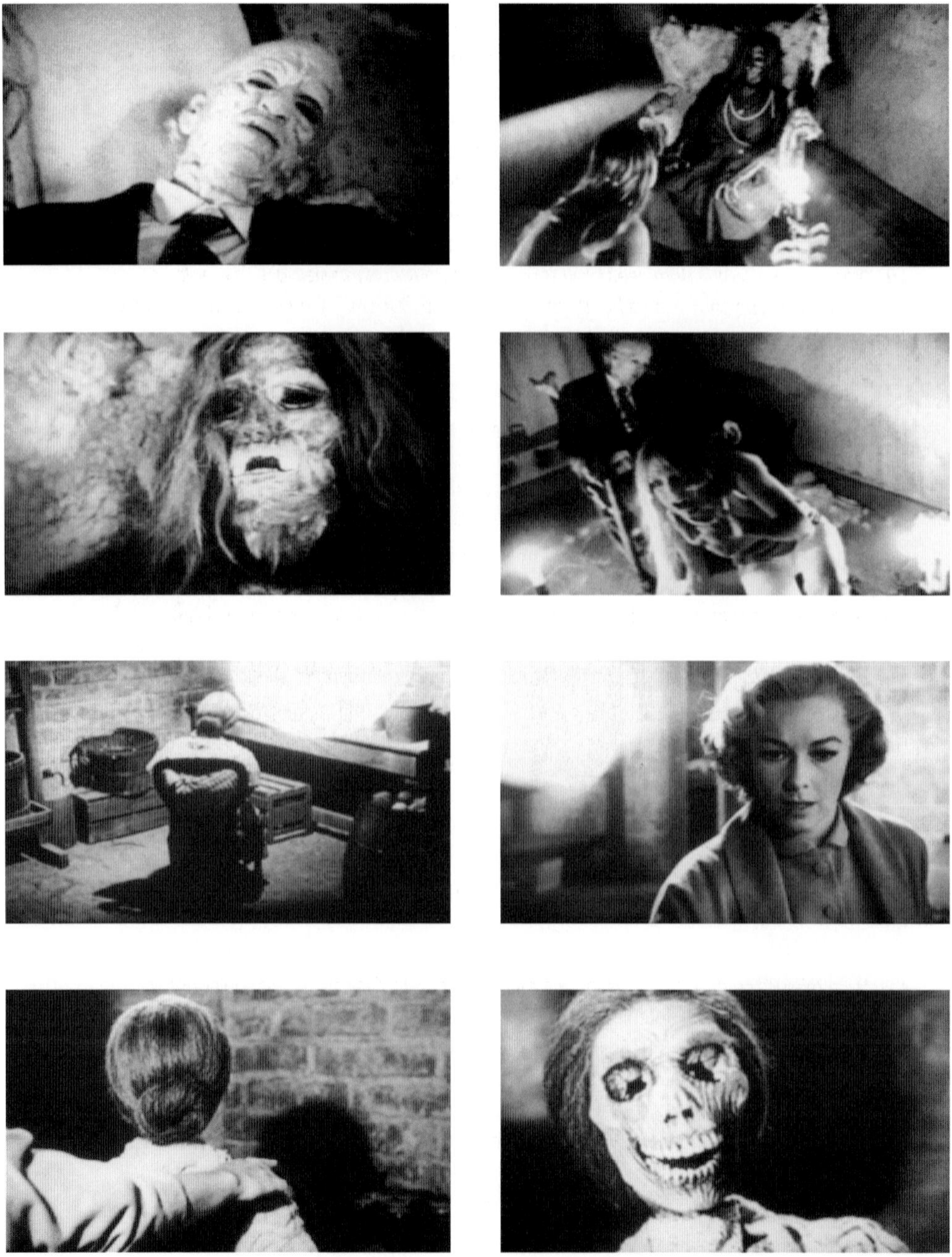

Cadavres momifiés : The Texas Chainsaw Massacre *et* Psycho.

« Ce n'est pas la sauvagerie (du meurtre sous la douche, Nda*) qui a fortement inquiété la Paramount,* raconte Donald Spoto, *c'est le plan sonorisé sans précédant d'une chasse d'eau qu'on tirait. C'est cela, et non le nu légèrement flou et qu'on aperçoit à peine dans la douche, qui constitue l'image la plus iconoclaste du film; elle a eu plus d'importance et de poids que le fait qu'Hitchcock se soit débarrassé de la vedette féminine presque au milieu du film.* [51] » Au cours de la séquence de la douche, se mettent en place les prémisses formelles et thématiques, que l'on retrouvera littéralisés dans le film de Hooper. « *Cet engrenage organique, déployé autour de l'objet alimentaire, construit donc une image du corps – ou, l'image d'un corps – dominée par la fonction communicationnelle qui existe entre les organes-orifices que sont la bouche et l'anus.* [52] » Le cannibalisme, si présent dans *The Texas Chainsaw Massacre,* avec son indifférenciation des corps (corps-déchet, corps-cadavre, corps-viande), ne fait jamais que développer (ramener à la surface) l'un des thèmes majeurs de *Psycho.*

De Norman Bates à Leatherface

Leatherface serait donc le descendant lointain et dégénéré de Norman Bates, une victime plus qu'un monstre. Comme lui, Leatherface s'est arrêté dans son développement (mort de la mère dans un cas, fin des abattoirs dans l'autre), comme lui, il vit dans un temps qui bégaie autour d'un même acte fondateur. Mais si Hitchcock provoquait notre identification à Norman Bates, de manière parfois perverse (lorsque la voiture de Marion

s'arrête à mi-surface du lac, nous sommes avec lui dans son désir de la voir couler entièrement), il prenait soin de maintenir jusqu'à la fin, la possible existence de la mère. Autrement dit, celui auquel nous nous identifions malgré tout, n'était pas celui (ou celle) qui avait tué Marion Crane. « *Nous reportons sur lui, si affolé par le crime de sa "mère", si désireux d'en effacer les traces, la pitié que nous prodiguions naguère à Marion* », écrit Jean Douchet [53]. Tobe Hooper, lui, anéantit d'emblée cette ambiguïté. L'homme masqué qui a assassiné un jeune couple de vacanciers américains est bien le même qui se tient quelques minutes plus tard prostré comme un enfant fautif. Comme Norman Bates, Leatherface est

51 Martin Lefebvre, op, cit. p. 125.

52 Martin Lefebvre, op, cit. p. 149.

53 Jean Douchet, op, cit, p. 149.

le théâtre de ces ambiguïtés (son tablier de boucher renvoie à celui que porte Norman Bates au moment du meurtre, tandis que son travestissement cite le déguisement de Norman en Ms Bates[54]) : en lui se conjugue un physique massif et disgracieux et un esprit d'enfant, des actions violentes et barbares et des moments de régression infantile absolue. On le verra couiner comme un animal apeuré, geindre et supplier son oncle de ne pas le battre ou encore trépigner de rage à la fin du film. Les compositions grotesques et macabres qui décorent l'atelier de Leatherface renvoient, elles, aux oiseaux empaillés de Norman Bates, ainsi

qu'en témoigne l'omniprésence des poules, des plumes, des cris de coq. L'atelier de *The Texas Chainsaw Massacre* joue alors un rôle similaire à celui de la pièce "oisellisée" de Norman (trou dans le mur d'un côté, tentures de l'autre). Dans les deux cas, il s'agit de cette autre scène, scène des fantasmes, des pulsions scopiques inavouées. Passage d'un rideau de douche puis d'eau chez Hitchcock, passage d'un rideau de fer chez Hooper.

Ms Bates ou l'intériorisation de la menace

« *Tandis que Hitchcock semble s'intéresser à montrer comment différentes formes de répression conduisent à un comportement compulsif et schizophrène,* remarque très justement Christopher Sharrett, *Hooper se concentre lui, sur l'idée que la schizophrénie*

54 Une scène tournée, mais coupée au montage, montrait Leatherface se maquiller, se saupoudrer le visage et mettre une perruque avant le repas final. Ce qui explique le changement de tenue de Leatherface après le réveil de Sally.

est un phénomène très répandu dans nos sociétés modernes et qu'aucune discipline ne peut vraiment expliquer. [55] »

Ms Bates dans l'esprit de Norman, telle fut la première étape de l'intériorisation de la menace dans *Psycho.* Dans *The Texas Chainsaw Massacre,* Tobe Hooper, comme l'essentiel du cinéma américain des années soixante-dix, porte cette logique schyzophrénique à l'échelle du monde : l'intériorisation de la menace dans le corps de la société tout entière. Le Mal n'a plus de contour, d'enveloppe corporel, il envahit littéralement le cadre. Par conséquent, le hors champ, entendu comme réservoir du Mal, est désactivé. Tout se tient désormais sous nos yeux, et pas au-delà.

The Birds
Alfred Hitchcock, 1963.

Dès le générique du film, Hooper, en choisissant de relier l'organique au cosmique, abolit le principe délimitatif de *Psycho* (la maladie de Norman contenu dans les limites de son corps). Les plans presque abstraits qui le composent, apparaissent comme un condensé de pulsions (les formes circulaires du générique, astres ou cellules, seraient-elles l'image possible d'un monde originaire ?) et font de la folie meurtrière qui nimbe le film, une sorte de phénomène répandu, au sens strict, c'est-à-dire d'atmosphère délétère incapable de s'incarner en un seul individu. *The Texas Chainsaw Massacre* aurait fait de la schizophrénie de Norman Bates, la norme d'une Amérique au bord du chaos.

55 *Christopher Sharrett,* The Idea of Apocalypse *in* The Texas Chaisaw Massacre in Planks of Reason, *Grant Edition, 1984, p. 259.*

Agonisants de l'attente éternelle, *Joel-Peter Witkin, 1990.*

« Il est clair que le monde est purement parodique, c'est-à-dire que chaque chose qu'on regarde est la parodie d'une autre, ou encore la même chose sous une forme décevante. »

Georges Bataille

5

Profanations du sacré

Petit théâtre de la cruauté

« *Les représentations érotiques de l'abjection par Witkin, dans leur tentative pour traduire la dimension grotesque de l'effondrement des valeurs spirituelles du monde contemporain, sont aussi évidentes que l'étaient au Moyen âge les mises en scène de la passion pour les fidèles* »[1], écrit Eugenia Parry Janis.

Né à Brooklyn en 1939, Joel-Peter Witkin fut très tôt marqué par les surréalistes et les photos de Weegee. À la recherche d'individus anormaux, mal formés ou atteints de handicaps physiques et de cadavres qu'il récupère dans des morgues, Witkin immortalise dans ses photos une humanité pathologique. Femmes à barbes, culs-de-jatte, nains difformes, bossus, hermaphrodites, eunuques, siamois, monstres impensables, cadavres desquamant, le monde tératologique de *Freaks* en somme, tous défilent devant son objectif. Dans ce cabinet forain où un homme s'enfonce un clou dans le nez, où un autre retire ces intestins comme au Vietnam, la difformité, animale ou humaine, devient l'étalon d'un gigantesque *sideshow*, au sein duquel n'aurait pas dépareillé la famille de Leatherface. Bon nombre de ses clichés s'inspirent d'œuvres photographiques ou picturales qu'il reprend, cite, détourne : les compositions grouillantes d'Arcimboldo, les *Ménines* de Velasquez, la *femme-violoncelle* de Man Ray, les natures mortes de Cézanne prennent littéralement corps sur ses tréteaux. Ainsi, si l'art de Witkin relève de la parodie, il s'agit toujours d'une parodie sérieuse.

Lorsque l'on compare *Les Conséquences de la guerre : le chien corne d'abondance* et *Moisson,* tous deux photographiés en 1984 aux tableaux d'Arcimboldo, on saisit quelque chose de la différence entre le fantastique, l'étrange et l'horreur. Chez Witkin, pas d'ambiguïté possible. Le visage humain qui sert de masque à cette étrange tête, mélange de racines, de boutures et de fruits mimant une coiffe indienne, est un visage mort, prélevé sur un cadavre. Là où les compositions d'Arcimboldo suscitent la curiosité, l'amusement, la mise en faillite parfois de notre perception (plus je détaille le tableau, plus le sujet s'évanouit), les clichés de Witkin provoquent immanquablement la nausée. « *Avec sa "Vanité",* écrit Eugenia Parry Janis, *il crée un territoire érotique majestueux de sacrifice et de sacrement dont le sens, pour lui, se situe quelque part entre la souffrance indicible du Christ crucifié et celle des juifs sous Hitler.*[2] » L'art de Witkin vise donc la transcendance. Et c'est à ce titre,

1 *in* Convalescent... Incorruptible. Joel-Peter Witkin, photographe. *Préface de Joel-Peter Witkin, Photo Poche, Centre National de la Photographie, 1991.*

2 *Eugenia Parry Janis, op, cit.*

qu'il éclaire au mieux l'horreur de *The Texas Chainsaw Massacre.* Parce que chez Hooper, les compositions macabres, les natures mortes, en bref, tout ce qui compose le petit théâtre cruel de Leatherface, vise au contraire l'occultation systématique de toute dimension transcendantale. Le film de Hooper cultive un art macabre proche des photos de Witkin, mais jamais n'élève ce dernier au rang d'art sacré. On n'y trouve en effet aucune marque de révélation, d'apparition, de rédemption, ou de sacrifice religieux. De même que la destruction des valeurs qui ont fait l'Amérique ne débouche sur aucune construction mythique nouvelle. Le totem funèbre, par exemple, qui ouvre le film n'a ni valeur de symbole ni d'emblème local. Il n'est pas non plus cet icône laïque photographié par Witkin dans *Femme avec tête coupée* (1982), il est le signe annonciateur d'une expérience de la catastrophe, mais d'une expérience profane. Ce refus permanent de la transcendance conduit Christopher Sharrett à considérer le film de Tobe Hooper comme « *l'un des constats les plus forts sur la pénurie des mythes et des croyances collectives dans notre monde contemporain.* [3] » Une pénurie illustrée par deux impulsions antagonistes, l'une sacrée, l'autre profane. *The Texas Chainsaw Massacre* fait du monde sacré un usage parodique et profane, ce qui ne constitue pas le moindre des liens avec l'œuvre de Luis Buñuel.

Parodie du mythe

« *Le travestissement burlesque modifie (...) le style sans modifier le sujet,* écrit Gérard Genette; *inversement, la "parodie" modifie le sujet sans modifier le style.* [4] » Afin de rendre justice à certaines œuvres expurgée de toute dimension comique, Genette propose d'ôter la connotation comique (burlesque, ludique, pastiche) de la parodie et propose le terme de *parodie sérieuse*. Ici, la transposition a toujours lieu mais elle opère sur le mode d'un régime sérieux.

Un mythe est le récit d'une histoire sacrée, d'une histoire vraie, « *il relate un événement qui a eu lieu dans le temps primordial, le temps fabuleux des "commencements"* », écrit Mircea Eliade[5]. Autrement dit, et c'est le plus important ici, « *le mythe raconte comment, grâce aux exploits des Êtres Surnaturels, une réalité est venue à l'existence, que ce soit la réalité totale, le Cosmos, ou seulement un fragment: une île, une espèce végétale, un comportement humain, une institution.* [6] » Fortement ancrée dans un temps (le 18 août 1973) et un lieu (le Texas), la tragédie à venir que le carton d'ouverture nous relate pourrait constituer cette histoire fondatrice et vraie (d'où l'importance de l'esthétique documentaire du film). À la différence de l'Homme moderne, qui habite le temps profane et se pense constitué par l'Histoire, l'homme des sociétés archaïques ou primitives s'estime, lui, le résultat d'événements mythiques. Si le second vit dans une conception cyclique du Temps (répéter

3 *Christopher Sharrett,* The Idea of Apocalypse in The Texas Chainsaw Massacre *in* Planks of Reason, essays on the horror film, *edited by Barry Keith Grant, The Scarecrow Press, 1984, p. 273.*

4 *Gérard Genette,* Palimpsestes, *Éditions du Seuil, Points, Collection Essais, p. 35, 41 et suivantes.*

5 *Mircea Eliade,* Aspects du mythe, *Folio, Essais, p. 16.*

6 *Mircea Eliade, op, cit. p. 17.*

périodiquement les événements qui ont fondé le monde), le premier considère le Temps comme irréversible. Ici, apparaît déjà, l'un des paradoxes que le film ne cessera d'alimenter. *A priori*, tout concourt en effet à placer *The Texas Chainsaw Massacre* sous l'égide du mythe : sa construction (éternel retour des mêmes situations), la récurrence des motifs circulaires, la multiplication de signes à déchiffrer, les symboles qui balisent son espace, la sensation de fatalité et surtout ses autochtones, vautrés dans une célébration perpétuelle d'un passé mythifié (que le récit aurait à charge de révéler). D'où une première lecture possible (mais erronée) : dépositaires du monde moderne, de ses valeurs, de sa conception du temps (le principe du *road movie* comme métaphore d'un temps linéaire et irréversible), les adolescents, en bifurquant de leur route initiale, plongent malgré eux à l'intérieur d'un temps et d'un espace mythique : bégaiement du premier, effet de clôture du second, nul doute que leur ballade « *par un après-midi d'été idyllique* » vire au cauchemar du profane.

Pour Leatherface et sa famille mais aussi pour les habitants du coin, rien ne semble avoir changé depuis le début du siècle. Qu'il s'agisse de l'allure des baraquements et des maisons (style Nouvelle-Angleterre de la maison de famille), du mode de vie des autochtones (et de leurs tenues : entre celles de Daniel Boon et des *rich farmer* de l'époque), de la musique diffusée par les radios locales (des morceaux de musique country débités à l'infini), des renvois à la Grande Dépression (comme en témoignent les mesures restrictives que s'impose l'oncle : « *J'avais oublié d'éteindre la lumière. Au prix que vaut l'électricité, cela conduit vite un homme à la faillite* »), ou encore des ustensiles (appareil photographique à soufflet, vieux distributeur de boissons), le monde de *The Texas Chainsaw Massacre* semble avoir arrêté son développement à un Temps primordial que ses occupants ne cesseraient de réactualiser. Pour les Australiens par exemple, « *les animaux et les plantes se rangent parmi les œuvres créées par les Êtres Surnaturels. Se nourrir n'est pas simplement un acte physiologique, mais également un acte religieux : on mange les créations des Êtres Surnaturels, et on les mange comme les ont mangées les ancêtres mythiques, pour la première fois, au début du monde.* [7] » On pourrait ainsi comprendre le meurtre des vacanciers (tués et dépecés comme des bovins) et les pratiques cannibaliques de la famille, comme une réactualisation d'un acte fondateur perpétré en un Temps primordial[8]. Le bulletin radiophonique qui commente la profanation du cimetière de Newt, rapporte que tous les corps ont été mutilés de la même façon : soit par amputation d'une main ou d'un pied, soit par décapitation. À nouveau, Hooper nourrit l'hypothèse d'un rituel répétitif et sacré. Leatherface, son frère et son oncle pourraient ainsi être ces hommes religieux vivant dans deux espèces de Temps « *dont le plus important, le Temps sacré, se présente sous l'aspect paradoxal d'un Temps circulaire, réversible et récupérable, sorte d'éternel présent mythique que l'on réintègre périodiquement par le truchement des rites.* [9] »

7 Mircea Eliade, op, cit, p. 61.

8 « d'une manière ou d'une autre, on mange toujours la divinité » *in* Mircea Eliade, Aspects du mythe, *p. 137.*

9 Mircea Eliade, Le Sacré et le profane, *Folio, Essais, p. 64.*

Parodie du sacré

« Le principe de profanation est l'usage profane du monde sacré. »
Georges Bataille

Pour l'homme profane, l'espace est plein, indifférencié. À l'inverse, pour l'homme religieux, l'espace n'est pas homogène. Certaines portions d'espaces sont plus importantes que d'autres : ce peuvent être des centres, des trous, des points fixes, autant de lieux signés où le sacré s'est manifesté. Dès leur arrivée, les cinq adolescents du film plongent dans un *espace de la manifestation,* en tant qu'il multiplie jusqu'à la saturation, des signes à déchiffrer. Mais ce qui, dans l'espace, fait signe le devient sous l'effet conjugué de la mise en scène (c'est elle qui hiérarchise l'espace par l'utilisation fréquente de zooms violents, de gros-plans et d'inserts) et du fort désir de sens des personnages *(« I guess everything means something »,* dit Pam à Franklin au sujet de l'inscription sanguine tracée sur le van). La longue discussion entre Franklin et Kirk sur le sens du hiéroglyphe tracé au sang par l'auto-stoppeur, la dent que trouve Kirk sur le seuil de la maison, la montre clouée sur un tronc d'arbre, l'influence maléfique de Saturne prédite par le guide astrologique, les objets macabres filmés en zoom avant, le visage déformé du laveur de vitre ou encore le nid grouillant de moustiques dans l'ancienne maison des Hardesty, constituent pour Sally et les autres, l'écheveau signalétique d'un sens secret et sacré. L'espace du film serait alors un espace mythique. De ce point de vue, les premières images du film présentent toutes les caractéristiques de la fondation d'un mythe cosmogonique, petit précis d'un modèle de la création. Notons que celles-ci forment le prologue, c'est-à-dire ce qui préexiste au film, le précède, comme événement primordial et fondateur d'un mythe sur lequel le film serait basé. Mircea Eliade rapporte qu'à Fidji, le roi était intronisé au cours d'une cérémonie appelée *"creation of the world"*[10]. Ce rituel comportait trois phases. La première consistait en une étape de régression du futur souverain à l'état embryonnaire puis à sa gestation pendant une année. La seconde voyait l'avènement du nouveau corps divin du souverain. La troisième phase se composait d'une série de rites organisés autour de symboles cosmogoniques tel l'*Axis Mundi*, symbole d'une unité ontologique entre l'individu et le monde (le Cosmos) et d'une terre fertilisée. Dès le début du film, le totem macabre, qui se dresse en plein soleil[11], mime l'érection d'un autel divin : filmé en contre-plongée et en travelling arrière (recul de la caméra comme mouvement déférent face à une divinité), celui-ci ressemble à un centre sacré avec le cimetière comme point

10 Mircea Eliade, op, cit. p. 56.

11 Rappelons que le lever du soleil est une réplique de la cosmogonie.

Profanations du sacré chez Buñuel (page de gauche, **L'Âge d'or**, *1930, et ci-dessus :* **Viridiana**, *1961), et Hooper (ci-dessous).*

primordial où s'est fondé le monde, à l'image de West Mitten Butte et de son aiguille dans Monument Valley pour les Indiens Navajo. Les premières minutes du film évoquent alors la création du Cosmos : le Chaos initial (le magma informe constitué de cadavres, de vers et de terre que l'on découvre dans le prologue), suivi de la cosmogonisation du monde (les images du générique qui mettent en relation l'infiniment grand – les astres – et l'infiniment petit - le corps humain puis l'œil), et de la sacralisation définitive que l'érection du totem funèbre achève. Dans l'optique du film (produire tous les signes possibles du sacré), ce dernier renvoie à l'*Axis Mundi* des sociétés traditionnelles, ce poteau sacré censé permettre la communication entre le monde du dessous (les tombes), la terre (plan du totem) et le ciel (séquence du générique). Il figure ainsi une divinité primordiale que Leatherface et sa famille ne cesseraient de vénérer : mobiles macabres et structures grotesques comme déclinaisons artisanales de l'*Axis Mundi*, meurtres et cannibalisme comme réitérations macabres d'un acte cosmogonique.

L'espace de *The Texas Chainsaw Massacre* présente donc toutes les caractéristiques d'un espace sacré, avec le cadre comme tapisserie de signes, d'avenues, d'épiphanies. Ici, l'apparition se fait sur le mode du surgissement (le zoom avant violent, le cut) non pas du dévoilement. À l'instar de l'entrée en scène de Leatherface, tout arrive

plein cadre, sous nos yeux, sans prévenir et avec une violence figurale rarement atteinte au cinéma. Or la frontalité, écrit Louis Marin, « *est un mode de présentation tout à fait significatif : celui de l'irruption autoritaire, irrépressible du sacré dans l'existence humaine : il manifeste une sorte de surgissement absolu de l'objet ou de l'être : à la limite, c'est le moment où l'objet n'est pas représenté, mais se présente dans la nudité de sa présence.* [12] » Là encore, nourrir l'hypothèse du sacré.

Mais ce que les adolescents et nous spectateurs, apprendront à la fin du film, c'est la nature profane de l'espace du film. Nature parodique et non hiérophanique, au sens définit par Mircea Eliade comme *quelque chose de sacré qui se montre à nous* [13]. La plupart des signes, que l'on pensait vecteurs d'un sens sacré, sont apparus peu à peu comme les symptômes d'un quotidien dégénéré, malade, qu'aucune explication n'est venue transcender. On pourrait reprendre mot pour mot ce qu'écrit Thierry Jousse des films de Buñuel : « *L'objet-signe n'est pas un indice, c'est plutôt une marque "fétichiste"*, et plus loin, *aucun signe n'est sacré.* [14] » Au bout du film, aucun sens caché donc, aucune divinité inconnue (juste le jouet macabre d'un dégénéré), aucun rite primordial (juste la répétition mécanique d'une activité disparue) ne sera venu tisser entre ces innombrables signes un lien causal suffisant à

12 *Louis Marin,* Études sémiologiques, *cité par Murielle Gagnebin,* Fascination de la laideur, l'en-deçà psychanalytique du laid, *Champ Vallon, p. 71.*

13 *Mircea Eliade,* Le Sacré et le profane, *Folio, Collection Essais, p. 17.*

14 *Thierry Jousse, in* Cahiers du Cinéma, *op, cit. p. 32.*

valider l'hypothèse du sacré. Logique de l'absurde, du hasard, d'une soif de sens déçue[15], logique bunuelienne en somme.

Profanation du sacré, parodie de mythe, à la lumière de laquelle il faut maintenant réinterpréter l'espace-temps cyclique du film : « *La répétition vidée de son contenu religieux conduit nécessairement à une vision pessimiste de l'existence,* écrit Mircea Eliade. *Lorsqu'il n'est plus un véhicule pour réintégrer une situation primordiale, et pour retrouver la présence mystérieuse des dieux, lorsqu'il est désacralisé, le Temps cyclique devient terrifiant : il se révèle comme un cercle tournant indéfiniment sur lui-même, se répétant à l'infini.*[16] » Pourtant, le film avait commencé par le plus explicite des actes : la profanation de tombes dans un cimetière. Au lieu d'y voir un acte profane (lecture au pied de la lettre), les personnages et nous, spectateurs, avions décidé qu'il s'agissait probablement d'un acte symbolique (répétition d'un rite ancestral). De notre part, ce fut plutôt un acte manqué : l'horreur à venir serait plus tolérable si on la croyait sacrée. Un choix que Tobe Hooper avait parfaitement anticipé.

Face à un matériau si profane, une horreur si ordinaire et gratuite, l'intelligence de Hooper fut donc de transformer la mise en scène en instrument du sacré. C'est à elle que revint la charge d'en restituer (mimer) les mouvements, d'en parodier les signes, et surtout d'en prolonger le désir. En effet, ce dispositif filmique ne fut pas imposé *ex cathedra* par un cinéaste manipulateur, il ne fit qu'entériner une contradiction vécue par tous les personnages du film – existence profane mais désir de sacré –, unique terrain d'échange entre les assassins et leurs victimes. D'un côté, cinq adolescents citadins ancrés dans la modernité mais pétris de croyances ésotériques (les lectures du guide astrologique et leur prise au sérieux). De l'autre, une peuplade d'autochtones texans au mode de vie presque primitif mais étrangers à toute croyance ou pratique religieuse. Mais dans les deux cas, un même désir de sacralité. Pour Leatherface et sa famille d'abord : le sacré comme puissance conjuratoire d'une existence placée sous le sceau du déterminisme (transmission implacable de la dégénérescence). Pour les adolescents ensuite : le sacré (et ses dérivés : l'ésotérisme, la mystique, l'astrologie[17]) comme puissance signifiante à l'intérieur d'un monde gagné par l'absurdité. Pour les premiers, tout consiste donc à mettre du chaos dans un monde trop ordonné (autrement dit de l'imprévu dans de la certitude, du hasard dans le déterminisme) ; pour les seconds (la génération des années soixante-dix bien sûr), c'est l'inverse : mettre de l'ordre dans un monde chaotique, lui donner un sens, une logique, une visée. « *La religion est la solution exemplaire de toute crise existentielle, non seulement parce qu'elle est indéfiniment répétable, mais aussi parce qu'elle est considérée d'origine transcendantale et, en conséquence, valorisée en tant que révélation reçue d'un autre monde, transhumain.*[18] »

15 « Il y a des moments où vous ne pourrez pas croire que ce qui vous arrive est vrai. Pincez-vous et vous constaterez que c'est vrai. »

16 Mircea Eliade, op, cit. p. 95.

17 « Les événements actuels ne vous encouragent pas à l'optimisme (...). Les conditions de récession sont contraires ou en harmonie avec la direction régulière du mouvement actuel à l'intérieur du zodiaque. Elle est fortement mauvaise aujourd'hui (...). En conséquence, quand les planètes maléfiques seront en récession et que Saturne paraîtra, les maléfices sont accrus. »

18 Mircea Eliade, Le Sacré et le profane, *op, cit. p. 178.*

On comprend alors la fièvre interprétatrice des personnages qui, en fin de compte, auraient volontiers troqué ce monde abject et insensé, contre le premier mysticisme de bazar venu. Un sens, même le plus incongru, plutôt que le néant. Lorsqu'au terme de son voyage au bout de l'horreur, Sally implore ses tortionnaires *(« Je ferais tout ce que vous voulez »)*, elle signale l'espoir toujours vivace mais vain que l'horreur vécue ne l'a pas été pour rien. Le film, et les multiples tergiversations sur le sens caché du monde qui l'ont accompagné, se teinte alors d'une ironie tragique : le cauchemar de l'homme moderne n'est pas ce sentiment du sacré qui le guette (il – nous – n'est jamais que le produit d'ancêtres religieux dit à ce propos Eliade), ce n'est pas non plus ce retour à une conception cosmogonique du monde, c'est le plus profane que profane, son devenir-obscène. La "stratégie fatale" (Baudrillard) qui mettra fin aux mythes et aux croyances de ce monde nous dit le film de Hooper, c'est l'obscénité comme puissance destructrice du sens.

Apocalypse Now

« L'Âge de l'Aquarius signale actuellement une ère de régression culturelle et aussi une période de ténèbres. »

Sally

« Prenons garde précisément aux petites choses, ne les perdons pas de vue. Ce sont souvent les impondérables et les bizarreries qui mènent le plus loin. »

Ernst Bloch, Traces

Toute eschatologie considère qu'il ne peut y avoir de renouvellement si le monde n'a pas été au préalable, dégradé puis détruit. Avant l'avènement d'un Nouveau monde, le cosmos doit retourner au Chaos, à un état informe et organique. La fin du monde, donc, comme étape indispensable à tout recommencement, la mort n'étant jamais que celle d'une existence profane avant la renaissance à un monde sacré. Mircea Eliade rapporte que pour la plupart des peuples (les Perses notamment), le Temps profane, c'est-à-dire la durée, avait corrompu l'être humain, usé la société, abîmer ses structures et le cosmos. Périodiquement, le temps était venu de réintégrer le moment mythique où le monde était venu à l'existence. *« L'abolition du Temps profane écoulé s'effectuait au moyen des rites qui signifiaient une sorte de "fin du monde". L'extinction des feux, le retour des âmes des morts, la confusion sociale du type des Saturnales, la licence érotique, les orgies, etc. symbolisaient la régression du Cosmos dans le chaos.* [19] » Dans ce désir de revenir à une origine absolue, de faire revivre le Temps primordial des commencements (l'Éden, le Paradis Terrestre), rien d'autre que la nostalgie des origines. Tout, dans *The Texas Chainsaw Massacre*, contribue à forger une

19 *Mircea Eliade,* Le Sacré et le profane, *op, cit. p. 71.*

atmosphère pré-apocalyptique, à l'image du laveur de vitre perdu dans la contemplation du soleil ou de l'ivrogne dans le cimetière, comme attendant le signe déclencheur d'une Apocalypse[20]. L'insistance sur les astres (le générique, les nombreux plans de soleil) et plus particulièrement sur la lune (et ses cycles) dont le symbolisme eschatologique « *souligne que la mort est la condition première de toute régénération mystique.*[21] » Le retour au chaos également, qu'illustre le prologue, avec ses bouts de cadavres et ses gravats de terre. Puis l'ambiance de folie meurtrière et de mort, la mise en relation permanente de faits divers macabres et de perturbations cosmiques[22], la sensation de dégénérescence de l'espèce humaine, l'abandon des lieux, avec ses machines tournant à vide et ses abattoirs peuplés de bovins mourants, ou encore la bande-son, mélange chaotique de bruits à l'agonie, autant d'événements, qui comme le révèle l'horoscope de Franklin au début du film, *"n'encouragent pas à l'optimisme"*. Le repas final, enfin, qui évoque par sa débauche macabre ces Saturnales, fêtes de la Rome antique célébrées au solstice d'hiver en l'honneur de Saturne[23] et qui se caractérisaient par une expérience de licence, une plongée dans le Chaos, comme autant de petites apocalypses censées permettre une renaissance au monde. Autrement dit, quelles que furent les modalités de ce retour au Chaos primordial, subsistait toujours l'espoir d'une renaissance et d'un renouvellement. Ce qui travaille en filigrane du film de Tobe Hooper, et en dépit de sa parodie d'eschatologie primitive (conception circulaire du Temps cosmique), relève plutôt des apocalypses judéo-chrétiennes, pour lesquelles le temps n'est plus le Temps circulaire de l'éternel retour mais un Temps

Saturne dévorant ses propres enfants, *Goya, 1821-1823.*

20 Dimension eschatologique omniprésente dans le cinéma américain des années soixante-dix. Citons entre autres : The Exorcist, Deliverance, Taxi Driver, Hills Have Eyes, Dirty Harry, Eraserhead, Apocalypse Now, Dawn of the Dead, Earthquake, The Texas Chainsaw Massacre. *Puis les westerns eschatologiques :* High Plain Drifters, The Wild Bunch, John McCabe, The Shootist *ou encore* Pale Rider.

21 Mircea Eliade, op, cit. p. 161.

22 L'horoscope évoque l'influence maléfique de Saturne et des tâches solaires (niveau comique) et sa répercussion sous forme de faits divers rapportés par les bulletins radiophoniques : crise entre trois pays à propos de la forêt amazonienne, fait divers scabreux à Dallas (un jeune père battait sa fille)…

23 « En conséquence, quand les planètes maléfiques seront en récession et que Saturne paraîtra, les maléfices sont accrus (…) Saturne a une mauvaise influence et cette influence est d'autant plus forte qu'elle rétrograde. » *Pam lisant l'horoscope.*

linéaire et irréversible. *The Texas Chainsaw Massacre* consiste donc en une expérience américaine du Chaos, autrement dit du retour *ab origine* comme résolution de la Crise, mais d'une *expérience déçue* (déçue parce que tous les signes de régénération ont été malgré tout produits) qui débouche sur une Fin définitive du monde, une apocalypse sans renaissance et non régénératrice. Leatherface n'est donc pas cet ange exterminateur venu punir les pêcheurs avant la Fin du monde, mais sa *parodie sérieuse*: un simple dégénéré.

The Texas Chainsaw Massacre ne se contente donc pas de désacraliser le monde, les symboles nationaux ou les icônes religieux (constante majeure du cinéma américain des années soixante-dix), ni de traiter le profane sur un mode sacré, il réalise l'espoir eschatologique judéo-chrétien: une fin absolue de l'histoire.

« *Le déni de causalité et le traitement emphatique des structures rituelles suggèrent une Apocalypse, dont l'esprit est à la fois primitif et moderniste,* écrit Christopher Sharrett. *L'aspect "primitif" renvoie à l'atmosphère rituelle qui englobe le film d'horreur et à la façon dont les personnages réagissent à une situation de chaos. L'aspect "moderniste" nie la croyance primitive d'une conception cyclique de l'histoire et impose à la place, une fin absolue sans aucune possibilité de renouvellement ni de résolution.* [24] »

Littéralement, Apocalypse signifie révélation. D'un point de vue eschatologique, l'apocalypse désigne ce moment où surviendra dans l'histoire de l'humanité, une violente et radicale cassure. Dans *l'Apocalypse* de Saint Jean, les hommes subiront le Jugement dernier, verront le visage de l'Antéchrist et les quatre cavaliers de l'apocalypse puis assisteront la seconde venue du Christ. Mais quelles que soient les eschatologies considérées, chacune s'accorde pour décrire le dernier jour comme celui de la fin d'un monde et le début d'une autre. Ce qui les différencie, ce sont les modalités de ce passage. Dans son article *The Apocalyptic Vision in Popular Culture,* John Wiley Nelson [25] distingue au moins deux types d'eschatologies traditionnelles: l'eschatologie prophétique et l'eschatologie apocalyptique. Pour la première, la fin des temps participe d'une logique de continuité entre passé, présent et futur et seuls ceux qui s'opposent à cette transition, souffriront et seront projetés dans un monde chaotique. Pour la seconde, nettement moins sereine, la fin des temps est une cassure, violente et radicale. Elle précipite le monde présent vers sa fin, son éradication totale, condition indispensable à l'émergence d'un Nouveau Monde, d'un Nouvel Âge d'or. Là où la première pense la Fin du monde en termes de continuité et aspire même à ce moment de la révélation (théorie du progrès, optimisme en somme), la seconde l'imagine en termes disruptifs, violents et chaotiques. La Nature, alors sous l'emprise du Mal, provoquera la disparition de l'humanité, annoncée par son cortège de prédictions catastrophistes et de présages (omniprésents dans la première partie du film de Hooper). Nelson remarque, que dans la culture populaire américaine, c'est l'eschatologie apocalyptique qui domine jusque dans les années soixante, où l'eschatologie contemporaine se scinde en deux courants: d'un côté le courant humaniste (pro-technologique) et de l'autre, le courant naturaliste (pré-technologique). Ici, la Mère Nature reprend ses droits sur la techno-

24 Christopher Sharrett, op, cit, p. 262.

25 in The Apocalyptic Vision in America, *sous la direction de Lois Parkinson Zamora, Bowling Green University Popular Press, 1982, p. 154-182.*

logie (c'est à peu près le schéma de tous les *disasters movies* et de *Deliverance* par exemple).

La mise en scène de *The Texas Chainsaw Massacre* consiste à établir un lien permanent entre deux échelles, l'une macroscopique et l'autre microscopique. L'exploitation du motif circulaire suffit par exemple à relier entre eux les plans d'astres du générique, les montres disséminées dans l'espace, les plans de lune, de soleil et la série finale des gros-plans des yeux de Sally, qui achèvent la logique formelle du film. Ce travail, que l'on retrouvera plus tard chez Lynch *(Blue Velvet* et surtout *Eraserhead)* ou Carpenter *(Prince of Darkness),* nous montre par ces ruptures scalaires, qu'il suffit de s'approcher du monde pour voir grouiller en lui l'imperfection, capter des traces de dérèglements, d'infirmités, comme autant de signes annonciateurs d'une apocalypse en marche. On peut alors voir Leatherface et les membres de sa famille, comme appartenant à cette *"majorité silencieuse"* évoquée par Nixon[26], autrement dit ces aliénés ruraux qui subirent les conséquences du développement industriel des côtes Est et Ouest de l'Amérique des années cinquante (rappelons que la découverte des crimes du Wisconsin, qui ont inspiré le film, date de 1957). « *Les crimes et la multiplication d'actes bizarres des habitants du Wisconsin peuvent être vus, (...) comme apocalyptiques dans leurs pratiques, comme un besoin de provoquer un état de crise dans l'espoir d'un changement réel, d'un renouvellement possible.*[27] » Volonté d'autodestruction donc, comme ultime charge contre la société. L'hypothèse que formule le film de Tobe Hooper, serait la potentialisation à un niveau macroscopique (cosmique) de cette violence autodestructrice. Ainsi se justifie l'annihilation systématique entreprise par le film de toute

26 & 27 Christopher Sharrett, op, cit., p. 260.

possibilité de régénération (le cannibalisme ne renvoie ni à un acte eucharistique ni à un rituel sacré) et de renaissance (la sacralité parodiée). Ce qui est visé dans *The Texas Chainsaw Massacre*, c'est l'éradication totale d'un Temps cyclique. L'évolution, tant humaine que technique, a atteint ici un stade de dégénérescence irréversible et le seul moyen d'en sortir, consiste à pousser jusqu'à son terme cette logique entropique. Faire s'emballer la structure, multiplier les accidents, les catastrophes. Stratégie de l'excès, de la saturation, de l'asphyxie. Dans *The Texas Chainsaw Massacre*, c'est la nature ontologique du système (ses ratées, ses laissées pour compte, ses dysfonctionnements) qui met fin au système lui-même : stratégie fatale.

« *Nous sommes tous des joueurs. C'est-à-dire que ce que nous espérons le plus intensément,* écrit Jean Baudrillard, *c'est que se défassent de temps en temps les enchaînements rationnels qui vont pas à pas, et que s'installent, même pour un temps bref, un déroulement inouï d'un autre ordre, une surenchère merveilleuse des événements, une succession extraordinaire, comme prédestinée, des moindres détails, où on a l'impression que les choses, jusque-là maintenues artificiellement à distance par un contrat de succession et de causalité, d'un coup, se retrouvent non pas livrées au hasard, mais spontanément convergentes et concourant à la même intensité par leur enchaînement même.* [28] »

The Texas Chainsaw Massacre s'inscrit enfin dans une longue tradition des millénarismes américains (rappelons ici que la découverte et la colonisation du Nouveau Monde ont toujours eu lieu sous le signe de l'eschatologie [29]) et défend plus précisément la thèse d'une eschatologie apocalyptique, autrement dit d'une précipitation violente du monde vers sa Fin comme seule issue possible à la résolution de la crise.

« C'est une maison maudite. Deux de nos enfants y sont morts à l'âge de vingt ans. Ensuite, d'autres événements bizarres sont survenus. La folie est tombée sur nous. Nous en sommes tous un peu atteints. »

Roderick Femm dans The Old Dark House, 1932. [30]

28 *Jean Baudrillard,* Les Stratégies fatales, *Le Livre de poche, essais, p. 171.*

29 *La colonisation des deux Amériques, depuis Christophe Colomb (voir son* Livre des prophéties *dans lequel il se déclare convaincu que l'Apocalypse est proche et que la découverte d'un nouveau continent sera le lieu d'un affrontement entre les forces du Bien – le Christ – et celles du Mal – l'Antéchrist, dont le premier sortira vainqueur) s'est faite sous le signe de l'eschatologie. Cette tradition millénariste supposait que l'Amérique serait la terre élue par le Christ pour sa seconde venue sur Terre.* « La création nationale américaine se fonde donc sur le principe de la discontinuité historique. Dans une certaine mesure, elle est an historique, trouvant son temps dans le millenium, ses ancêtres chez les héros bibliques, son modèle dans les champs élyséens. » *Elise Marienstras évoque l'Amérique comme le "lieu du recommencement absolu" et perpétuel : c'est la conquête vers l'ouest, l'avancée contre la sauvagerie (selon St-John Crevecœur).* « Toutes les expériences venaient les confirmer (les premiers puritains) dans la croyance que Dieu a donnée à ses élus mission de faire régner l'ordre divin sur la Terre. Hors de l'ordre chrétien, il n'en existe pas d'autre. Le chaos qu'il faut réduire est le résultat de la corruption de la nature par Satan et du péché originel. Il n'y a donc, pour les puritains, que l'ordre et sa négation, le chaos. » *E. Marienstras, op, cit, p. 41 et 160.*

30 *Réalisé par James Whale en 1932,* The Old Dark House, *avec son fils attardé et violent (B. Karloff), sa grand-mère reléguée au grenier, ses touristes pris au piège d'une famille aux mœurs insolites, peut être vu comme l'ancêtre du film de Hooper.*

Dans son analyse de *Eraserhead* de David Lynch, Olivier Smolders écrit : « *Le film n'est pas construit autour d'un ou de plusieurs phénomènes paranormaux qui viendraient perturber l'ordre du monde et les certitudes scientifiques. Ici, le monde est extrêmement ordonné puisque tout y est à la fois désespérément normal et désespérément anormal. Les rites familiaux sont respectés jusqu'à la caricature. Le fil conducteur est relativement linéaire et limpide. La typologie des personnages est assez simple. Le monstre lui-même ne pourrait n'être après tout qu'une de ces bizarreries dont la nature parfois nous accable. Mais en même temps, les protagonistes se révèlent habités par d'épouvantables dysfonctionnements comportementaux (...). Le film rejoint alors une espèce de normalité au deuxième degré, instituant le réel dans la logique d'un quotidien malade, plausible et inacceptable jusque dans les plus petites de ses manifestations.*[31] » Sorti en 1976 mais réalisé sur une période de quatre ans, le premier long métrage de David Lynch entretient d'étroits rapports avec le film de Tobe Hooper, ainsi qu'en témoigne l'analyse précitée. On trouve en effet dans ces deux films, une même attention suspecte portée à la banalité, un même quotidien déréglé, une même caricature des rituels familiaux, une même vision cosmogonique du monde (voir la fonction du prologue du film de Lynch très proche de celui de Hooper). La ville d'Henry et le Texas de Leatherface sont des espaces-tombeaux baignant dans une atmosphère post-industrielle et chaotique. Par de nombreux aspects, *The Texas Chainsaw Massacre*, entretient une forte parenté avec le fantastique des origines, le monde des *freaks*, des monstres de foire, de la cartomancie, de la numérologie, de l'astrologie, mais aussi des doubles scènes (le rideau qui sépare le vestibule de la pièce où Leatherface expose son *art-work)*, des cabinets d'illusionnistes, des attractions foraines, des musées de cire. Mais, s'il en a retenu l'appareillage iconographique, le film de Hooper travaille plutôt ce que nous pourrions appeler un fantastique de la probabilité ou fantastique des possibles. « *Le fantastique existe non pas parce que le nombre des possibles est infini, mais parce que, quoique immense, il est limité,* écrit Roger Caillois. *Il n'y a pas de fantastique là où il n'est rien de dénombrable ni de fixe, c'est – dire là où les possibles ne sont ni définis ni susceptibles – d'être énumérés. Lorsque tout à tout moment peut arriver, rien n'est surprenant et aucun miracle ne saurait étonner, au contraire, dans un ordre réputé immuable, où le futur par exemple ne peut répercuter sur le passé, une rencontre qui paraît contredire cette loi ne laisse pas d'inquiéter.*[32] » Dans le film de Tobe Hooper, le monde est fortement polarisé. Autrement dit, les actions, les événements, les grands mouvements du récit sont soumis à un fort effet de répétition qui semble réduire à néant les possibilités de choix. Le nombre des possibles n'est pas limité, il apparaît inexistant. En effet, qu'elles que soient les décisions et les actions des adolescents, celles-ci semblent prédéterminées. Lorsque Sally tente d'échapper à Leatherface, l'ensemble de la séquence se construit autour de son retour, qui semble ici inexorable, à la maison de Leatherface. Or toutes les maisons du film (jusqu'à la station-service dans laquelle elle échouera) sont des propriétés de la Famille. L'hypothèse que formule le récit (toutes les maisons sont différentes donc autant de micro-actions possibles), l'expérience l'infirme : toutes les maisons sont une seule et une même maison. Face à un calcul de probabilités,

31 *Olivier Smolders,* Eraserhead, *Éditions Yellow Now, 1997, p. 23.*

32 *Roger Caillois in* Au cœur du fantastique *in* Cohérences aventureuses. *Idées 1976.*

nous dirions que les dés sont pipés. La sensation d'étouffement, le travail sur la circularité et la sensation d'éternel retour du film, sont relayés par le récit qui ne produit jamais que des simulacres de possibles différents, de bifurcations, de détour. Des simulacres parce que tout est joué d'avance. Pour les personnages, et le spectateur, le hasard est bien ce « *mécanisme se comportant comme s'il avait une intention* » (Bergson) et cette intention ici est de nature eschatologique, c'est le chaos lui-même. « *Il y a des moments où vous ne pourrez pas croire que ce qui vous arrive est vrai. Pincez-vous et vous constaterez que c'est vrai* », dit l'horoscope de Franklin.

Le monde de *The Texas Chainsaw Massacre* ne se comporte pas comme un monde fantastique, mais comme un système chaotique. Autrement dit, le fantastique si peu orthodoxe du film de Tobe Hooper, émane d'une structure bien particulière du réel (structure chaotique) mais portée à un niveau macroscopique (ce que figure exactement le prologue). Rappelons que la théorie du chaos étudie deux aspects : elle cherche à identifier la nature du hasard d'un phénomène ou d'un système (de quelle nature et où se situe l'écart initial ?) et traque dans les systèmes existants et étudiés, une composante, une part chaotique qui aurait échappé aux calculs. Elle démontre également qu'un système chaotique amplifie les écarts initiaux (mais les petits écarts seulement, aussi infinitésimaux soient-ils), et porte la variation microscopique à un niveau macroscopique. Un système est dit chaotique s'il amplifie, si peu que ce soit, les écarts initiaux. On appelle alors "temps caractéristique" le temps au bout duquel ces écarts ont été multipliés par dix. L'écart microscopique devient déviation macroscopique. Ce qu'on appelle alors le désordre (ou le chaos), c'est l'amplification de cet écart : le désordre apparaît ainsi logé au sein même de l'ordre, du réel, entendu comme idée paradoxale que tout système peut être reproduit *stricto senso*. Le fantastique du film de Hooper n'extrapole pas le réel, pas plus qu'il ne le délire, il plonge au contraire à l'intérieur de lui et porte certains agencements chaotiques de sa matière à l'échelle du monde. Écart de comportements humains (de la profanation de tombes aux meurtres en série, dérèglements qui agitent le monde et dont la radio dresse l'inventaire), écarts climatiques aussi (des variations de 15° en une nuit nous annonce la radio au milieu du film), écart historique enfin (l'Histoire est arrivée au terme de plusieurs temps "caractéristiques"). Tout système chaotique (la météorologie par exemple[33]) est soumis au fameux "effet papillon" qui signifie littéralement qu'un battement d'aile de papillon peut déclencher, par le jeu de l'amplification des écarts et du temps caractéristique, un cyclone à l'autre bout du globe. Ce qui dans le film de Hooper signifie qu'un battement de cils humains, provoque l'apocalypse. *The Texas Chainsaw Massacre* développe un effet fantastique mais un effet seulement.

« L'Âge de l'Aquarius signale actuellement une ère de régression culturelle et aussi une période de ténèbres. »

Sally

33 cf. les variations de température nocturnes citées précédemment.

Mondes originaires : l'image-pulsion dans The Texas Chainsaw Massacre

Dans *L'Image-mouvement,* Gilles Deleuze constate, qu'entre « *le réalisme de l'image-action* » et « *l'idéalisme de l'image-affection* », il y a quelque chose comme un affect « *dégénéré* » ou de l'action « *embryonnée* » [34], c'est l'image-pulsion. « *Monde originaires-pulsion élémentaires* », tel est le couple « *étrange* » au sein duquel se développent les films de l'image-pulsion. C'est dans la façon dont le milieu réel est agi par un monde originaire qui le double, le nourrit, le gangrène, que *The Texas Chainsaw Massacre* s'apparente si fortement au monde de l'image-pulsion. Qu'est-ce qu'un monde originaire ? Comment repérer sa trace ? Un monde originaire, écrit Deleuze, « *se reconnaît à son caractère informe : c'est un pur fond, ou plutôt un sans-fond fait de matières non formées, ébauches ou morceaux, traversé par des fonctions non-formelles, actes ou dynamismes énergiques qui ne renvoient même pas à des sujets constitués.* [35] » Le milieu réel, ce peut être n'importe quel espace, géographique, topographique, fortement déterminé ou non, mais à condition qu'il soit innervé par les pulsions et les mouvements d'un monde originaire qui le double, qui le nourrit de l'intérieur, en profondeur. Alors, les personnages sont comme des *"bêtes humaines"*. Non pas qu'ils en aient l'apparence (l'oncle de la famille par exemple, ressemble au début à un pompiste inoffensif), mais ce qui motive leur comportement, le carburant de leur action, c'est la pulsion et elle seule (pulsion de meurtre chez Hooper). La pulsion, comme "énergie" dont le monde originaire est saturé (pulsion de meurtre, pulsion de mort, pulsion suicidaire...) et qui contamine les comportements. Ce monde est celui d'Empédocle écrit Deleuze, il est « *à la fois commencement radical et fin absolue ; et, enfin, il lie l'un à l'autre, il met l'un dans l'autre, suivant une loi qui est celle de la plus grande pente. Ainsi c'est un monde d'une violence très spéciale (à certains égards, c'est le mal radical) ; mais il a le mérite de faire surgir une image originaire du temps, avec le début, la fin et la pente, toute la cruauté de Chronos. C'est le naturalisme.* [36] » Monde originaire et milieu réel n'opèrent donc pas distinctement. Le premier établit avec le second des points de passages, des zones de flux. Entre eux, la pulsion circule. Elle prend naissance dans l'un et se convertit en action dans l'autre. Les personnes, les actions, les comportements, tout a bien lieu dans le milieu, mais sous l'*im-pulsion* du monde originaire qui pourvoit, lui, en matière première. D'une certaine façon, ce dernier agit le milieu réel en lui fournissant la pulsion à assouvir, à la manière d'une coulisse dans lequel l'acteur de théâtre apprendrait son texte, sa gestuelle, ses déplacements, avant de jouer la scène dans le milieu réel. « *Les actions se dépassent vers des actes primordiaux qui ne les composaient pas, les objets, vers des morceaux qui ne les reconstitueront pas, les personnes, vers des énergies qui ne les "organisent" pas. À la fois : le monde originaire n'existe et n'opère qu'au fond d'un milieu réel, et ne vaut que par son*

34 Gilles Deleuze, L'Image-temps, *Collection Critiques, Les Éditions de Minuit, 1983, p. 173.*
35 & 36 Gilles Deleuze, op, cit. p. 174.

immanence à ce milieu dont il révèle la violence et la cruauté; mais aussi le milieu ne se présente comme réel que dans son immanence au monde originaire, il a le statut d'un milieu "dérivé" qui reçoit du monde originaire une temporalité comme destin. [37] » Le monde originaire constitue la profondeur du milieu réel, il l'infecte de sa pulsion. Sous lui, il grouille. C'est le monde de l'image-pulsion. Chez Hooper, l'image pulsion, ce n'est pas le monde sauvage contre le monde civilisé, la nature contre l'industrie, le primitif contre le moderne, c'est la Fin absolue de l'Histoire contre la régénération du monde, c'est le sacré contre le profane. Le milieu, c'est aussi bien la maison victorienne de Leatherface, que le cimetière de Newt, la route que parcourt le van, ou encore l'ancienne maison de famille de Sally et de son frère. Le monde originaire, c'est le Texas comme espace-tombeau, cette nature aride et déserte écrasée par le soleil, c'est la vision cosmogonique du film, c'est enfin ce magma informe de cadavres et de terres, débordant de pulsion (pulsion de mort : déterrer les cadavres) que laisse entrevoir le prologue. Le milieu, c'est l'espace du dessus, qui s'origine là où se dresse le totem macabre, comme image littérale de l'infection par le monde originaire. Leatherface, personnage emblématique du film, est victime de sa propre pulsion. Pulsions de mort et de meurtre extraites du monde originaire, mais aussi pulsion suicidaire née du fond eschatologique qui sous-tend le film. Mais que se passe-t-il lorsque la pulsion déborde ? Un phénomène de retournement sur soi, écrit Deleuze : « *La violence originaire des pulsions est toujours en acte mais elle est trop grande pour l'action. On dirait qu'il n'y a pas d'action assez grande pour lui être adéquate dans le milieu dérivé.* [38] » Alors, les comportements ne suffisent plus à convertir cette énergie, les prédateurs deviennent leur propre proie, puis le milieu réel s'effondre, plonge dans le chaos et retourne au monde originaire.

Dans *The Texas Chainsaw Massacre*, le monde originaire, c'est donc le sacré, qui contamine le milieu, le pourri. C'est lui qui fournit à Leatherface et à sa famille les pulsions (pulsion de meurtre, pulsion de répétition, pulsion cannibalique, désir eschatologique) et aux adolescents la passion interprétatrice. Le milieu, c'est le monde profane, mais qui englobe aussi bien celui de Leatherface [39] que celui des vacanciers. C'est le Texas avec ses abattoirs fermés et ses autochtones tarés, mais aussi le fait-divers et la conception d'une histoire linéaire et irréversible *qui se tord sous l'effet cyclique du monde originaire*, ce qui explique cette sensation d'éternel retour déjà repérée. Le monde originaire « *est un commencement du monde, mais aussi une fin du monde, et la pente irrésistible de l'un à l'autre : c'est lui qui entraîne le milieu, et aussi qui en fait un milieu fermé, absolument clos, ou bien qui l'entrouvre sur un espoir incertain.* [40] » C'est le Texas du film, borné entre une image de chaos (le prologue) et celle d'une issue précaire (le rire fou de Sally à la fin du film anéanti par la danse macabre de son bourreau). Deleuze remarque que le temps naturaliste entraîne systématiquement une entropie, une dégradation, qui touche l'espèce humaine et entraîne sa disparition. Le milieu est corrompu par le monde originaire lequel provoque son pour-

37 Gilles Deleuze, op, cit, p. 175.

38 Gilles Deleuze, op, cit, p. 195.

39 « Ce qui donne tant de présence à l'infirme ou au monstre dans le naturalisme, c'est qu'il est à la fois l'objet déformé dont s'empare l'acte de la pulsion, et l'ébauche mal formée qui sert de sujet à cet acte. » *Gilles Deleuze, op, cit. p. 180.*

40 Gilles Deleuze, op. cit, p. 177.

rissement. De ce point de vue, la famille meurtrière du film de Hooper mais aussi les adolescents (dégradation moins avancée) apparaissent comme les derniers vestiges d'une humanité vouée à disparaître. Chez Buñuel, que Deleuze convoque comme cinéaste exemplaire de l'image-pulsion, « *la dégradation est conçue, non pas tant comme entropie accélérée, mais plutôt comme une répétition précipitante, éternel retour. Le monde originaire impose donc aux milieux qui se succèdent en lui, non pas exactement une pente, mais une courbure ou un cycle (...). Temps de l'entropie ou temps de l'éternel retour, le temps dans les deux cas trouve sa source dans le monde originaire qui lui confère le rôle d'un destin inexpiable.*[41] » Moutons dans *L'Ange exterminateur*, poules dans *Los Olvidados*, coq dans *Le Fantôme de la liberté*, autruche dans *Le Charme discret de la bourgeoisie*, vaches et scorpions dans *L'Âge d'or*, papillon dans *La Vie criminelle d'Archibald de la Cruz* puis mouches, armadillo, bovins, poules, coq, chien dans *The Texas Chainsaw Massacre*, sans parler des insectes, omniprésents chez Buñuel comme chez le cinéaste américain. L'insecte agit, dans les deux cas, comme métaphore entomologiste bien sûr (le regard documentariste, l'écran comme cage d'observation.). L'invasion du milieu réel par les animaux devient métaphore du cycle écologique, poussé à son terme par Hooper chez qui l'homme mange l'animal, l'animal mange l'homme et l'homme mange l'homme lorsque l'animal manque. Métaphore du grouillement, du pourrissement enfin : la mouche collée sur le visage d'un bourgeois dans le salon de *L'Âge d'or*, les cadavres putréfiés des évêques au début du même film et leur reprise sous forme de totem chez Hooper, le nid d'insectes grouillants dans la maison des Hardesty, la mouche sur l'œil du chien, ou tournoyant autour de la table pendant le festin final. Ce mouvement de torsion cyclique du milieu réel imposé par le monde originaire, caractéristique du naturalisme selon Deleuze, Charles Tesson le décelait à partir *de La Vie criminelle d'Archibald de la Cruz* dans lequel il constatait un double mouvement de continuité et de discontinuité, structure intime du film mais aussi de l'œuvre bunuelienne tout entière. Discontinuité liée à des saillies récurrentes dans le corps du film (la comptine de la boîte à musique associée à la mort de la mère d'Archibald au début du film), continuité dans cette réitération du désir de tuer (pulsion du monde originaire) qui structure la vie d'Archibald. « *L'art pour lui,* écrit-il, *est ce moment attendu où la vérité de l'envers finit par montrer sa force renversante. Cette vérité de l'envers, il l'a explorée avec une obsession sans faille dans cette étrange région où le monde profane, autre farce, se donne comme l'envers du monde sacré.*[42] »

Dé-montage

Changements d'axes brutaux, raccords abrupts, variations d'échelles incessantes, le montage de *The Texas Chainsaw Massacre* se place sous le signe du fragment. La suture est douloureuse, à l'image du masque couturé et inachevé de Leatherface qui en constitue le raccourci formel saisissant. Dans le film de Hooper, le montage n'assemble pas, il rapièce, incapable de donner l'illusion d'un tout cohérent et harmonieux. Il prend le relais de la dérive

41 Gilles Deleuze, op, cit. p. 179.
42 Charles Tesson, op, cit, p. 42.

entropique du film et insiste sur sa dimension lacunaire. Traduction d'un monde accidenté, ou pour reprendre la belle expression de Jean Baudrillard, de l'échange impossible (pas d'échange sans raccord). En anglais, *"chain saw"* signifie "tronçonneuse", mais plus littéralement, "une coupe dans un enchaînement". Le *"chain saw"* devient alors l'image d'un montage heurté, du mauvais raccord, du gros-plan immotivé, surgissant. C'est le montage de l'image-pulsion : « *l'objet de la pulsion, c'est-à-dire le morceau, qui, à la fois, appartient au monde originaire et est arraché à l'objet réel du milieu dérivé,* écrit Deleuze. *L'objet de la pulsion, c'est toujours "l'objet partiel" ou le fétiche, quartier de viande, pièce crue, déchet, culotte de femme, chaussure (...). Si bien que l'image-pulsion est sans doute le seul cas où le gros-plan devient effectivement objet partiel; mais ce n'est pas du tout parce que le gros-plan "est" objet partiel, c'est parce que l'objet partiel, étant celui de la pulsion, devient alors exceptionnellement gros-plan. La pulsion est un acte qui arrache, déchire, désarticule.* [43] »
Dans *The Texas Chainsaw Massacre,* le montage est agi par la pulsion, il puise sa logique dans le monde originaire. À la fin du film, Sally profite d'un moment de flottement dans les préparatifs de la Famille pour s'échapper de la maison : elle saute à travers une fenêtre, se relève court rejoindre sa route initiale. En trois plans censés se raccorder dans le temps (la fuite en continue de Sally), nous sommes passés de la nuit (elle s'élance vers la fenêtre), à l'aube (tombe de l'autre côté) puis au crépuscule (elle s'éloigne à bord de la camionnette). Montage de la discontinuité encore, qui disloque l'espace et le temps, comme signe avant-coureur du chaos. Dans le film, on observe alors deux mouvements opposés. Soit le montage atomise un espace-temps homogène (dernière séquence évoquée). Soit au contraire, il sert à relier des espaces-temps hétérogènes (c'est tout le travail sur la vision cosmogonique du film, le lien micro-macroscopique, la sensation d'éternel retour). Mais dans un cas comme dans l'autre, le montage est commandé par le monde originaire. Pulsion de meurtre et cannibale dans le premier, pulsion eschatologique dans le second.

Deux mouvements de montage donc, pour un réagencement du monde, son *dé-montage.*

Cannibalisme

La fonction première du cannibalisme est une fonction sacrée. Incorporer l'autre pour s'approprier son énergie, sa substance vitale, Ingérer les morts pour neutraliser leur pouvoir de nuisance (en incorporant leurs âmes). L'anthropologie nous a enseigné que l'expérience cannibalique intervient le plus souvent à un moment extrême où une société, sentant la catastrophe arriver, recherche dans cet acte matière à se régénérer en incorporant l'énergie sacrée des dieux. Le thème du cannibalisme, qui pèse sur le film comme une chape de plomb [44],

43 Gilles Deleuze, op, cit. p. 180.

44 La référence à Saturne renvoie bien sûr au Saturne *de Goya, mangeur d'enfants, et plus généralement à la thématique du cannibalisme. L'association entre le cannibalisme et le soleil est illustrée par le mythe de Thyeste, fils de Pelops, qui pour avoir violé la femme d'Atrée, fut contraint (sans le savoir) de manger ses deux propres enfants (qu'il égorgea) en sauce. Après ce festin macabre, le soleil se voila la face.* « Chose que les païens mêmes, au milieu de leurs ténèbres, ont autrefois trouvé si pleines d'exécrations, qu'ils ont feint que le soleil s'étoit retiré, pour ne point éclairer de tels repas. » *Charles de Rochefort, cité par Frank Lestringant,* Grandeur et décadence du Cannibale, *Éditions Perrin, p. 216.*

constitue à son tour une parfaite illustration de ce que nous avons appelé une expérience déçue du sacrée. « *Je ne l'ai pas montré ouvertement car cet aspect ne m'intéressait pas tellement,* explique Tobe Hooper. *Il s'agit de gens prêts à tuer n'importe quoi : grenouilles, lézards, bœufs ou être humains. De la même façon, pour eux, toute viande reste de la viande, quelle que soit sa provenance. Juste des protéines.* [45] » Le sentiment d'abjection qui irrigue tant le film de Hooper provient, non seulement de l'omniprésence du cadavre et du déchet dans le cadre, mais aussi de ce que les pratiques cannibales de la Famille comme le décorum macabre qui orne leur maison, ne constituent pas des manifestations d'ordre sacré, divin ou providentiel (effet d'écran).

Le rituel du grand-père, par exemple (abattre à coup de maillet une Bête vivante) ne réactualise pas un acte primordial qui aurait fondé le monde, il répète celui qu'il n'a cessé de faire pendant toute sa vie à l'époque glorieuse des abattoirs. Autrement dit un acte purement profane, banal, de *blue collar* (« *Elle est pour lui, tu nous as toujours dit que c'était le meilleur. Il ne lui a jamais fallu qu'un seul coup pour tuer. Un jour, il a tué soixante bêtes en cinq minutes* », hurle l'auto-stoppeur à son oncle). Ainsi pour Robin Wood, le cannibalisme de *The Texas Chainsaw Massacre* marque le retour d'un refoulé (la famille de Leatherface comme produits rendus caduques par l'industrialisation et la technologisation du travail) et par là, une extension métaphorique du consummérisme à tous crins de la société de consommation.

La Famille de Leatherface, dans sa compulsion de répétition d'une époque révolue (d'avant la mécanisation des abattoirs), ne répète jamais que d'autres actes profanes dans un Temps profane. Le cannibalisme dans le film, et sur lequel nous reviendrons, ne relève pas d'une expérience métaphysique ou d'un comportement culturel fondé sur une vision religieuse de la vie. Les anthropophages de ce bled perdu du Texas, commettent des actes barbares, cruels et sauvages qui ne s'originent dans aucun modèle transhumain ou divin, et c'est là que réside toute son horreur[46]. Ils sont semblables au cannibale de la trilogie des morts-vivants de George A. Romero et à propos duquel Jean-Marie Samocki écrit : « *le cannibale n'émerge pas d'une histoire à laquelle l'homme civilisé a échappé. Il est le contraire d'un spécimen préhistorique, et vient plutôt de la fin de l'histoire, de ce lieu où la foi en quelque transcendance s'est évanouie, où le monde d'après la mort de Dieu persiste, ivre de son désenchantement.* [47] »

45 *Interview in* Cinefantastic n° 1.

46 *Ce qui justifie à nouveau le fort désir de sacré des adolescents, ce qui aurait rendu cela plus supportable.*

47 *Jean-Marie Samocki,* Du cannibalisme : un précis de décomposition *in* Simulacres, n° 1, *Automne 1999, p. 37.*

Gargantua au Texas

« À l'origine, la séquence de repas finale était un peu plus longue et renforçait le côté ridicule et grotesque de la situation. Le père hésitait sans cesse entre son désir de tuer la fille et de préserver une moralité à tout cela. »

Tobe Hooper

Ainsi contextualisé, le cannibalisme ne renvoie ni à une pratique sociale déterminée ni à une quelconque réactualisation d'un mythe fondateur, ni à un rite sacrificiel voire initiatique, il plébiscite à l'inverse et jusqu'à la nausée, le monde comme un gigantesque intestin traversé par des flux organiques indifférenciés. « *La digestion offre un modèle organique anticipé de la culture* », écrit Levi-Strauss dans *L'Origine des manières de tables*[48]. Le cannibalisme chez Hooper, devient l'allégorie d'un monde dans lequel l'échange est devenu impossible, un monde dans lequel l'énergie est en surplus, déborde l'individu, un monde enfin, qui à défaut de recycler ou de convertir sa production, s'autodévore (« *Ils utilisent tout, ils ne jettent rien !* », dit l'autostoppeur du travail dans les abattoirs). Une vision qui prendra corps dans *The Texas Chainsaw Massacre* 2. Treize ans plus tard, l'antre de Leatherface a grossi jusqu'à devenir une petite entreprise rentable, fabriquant à la chaîne du *chili con carne* avec pour principaux actionnaires et matériaux, des humains. Dans ses locaux, tout se mélange comme à l'intérieur de la bedaine démesurée du grand Gargantua. Chez Hooper, manger, digérer, déféquer, produire, ne sont que les expressions d'une même machinerie organique[49], à l'instar de l'une des fameuses séquences du *Fantôme de la liberté* de Luis Buñuel, dans laquelle des invités à un repas sont assis autour d'une table mais sur des cuvettes de WC. Ou encore la parodie de la cène dans *Viridiana,* métamorphosée en un festin rabelaisien et joyeusement blasphématoire. « *La nourriture est liée à ce qu'on peut considérer comme la problématique essentielle du cinéma bunuelien : celle de l'ordre et du désordre*[50] », écrit Marie-Claude Taranger. Dans *The Texas Chainsaw Massacre*, le thème du

48 Cité par Noëlle Chatelet, Le Corps à corps culinaire, *Seuil, 1977, p. 47.*

49 Lire à ce sujet Gilles Deleuze, Felix Guattari, L'Anti-Œdipe, Capitalisme et schizophrénie, *Les Éditions de Minuit, Collection Critiques.*

50 Marie-Claude Taranger : Savoir-vivre, puanteur, paradoxe (Luis Buñuel), *in* Vertigo, Le Cinéma à table, *p. 79.*

cannibalisme vient renforcer, comme dans les films de Buñuel, cette structure du monde où plus rien n'est à sa place.

De ce point de vue, Franklin, le frère infirme de Sally, se situe à mi-chemin de la famille de Leatherface et des adolescents. Son corps a déjà intégré les prémisses de ce principe d'indifférenciation : il sue, crache salement, mange, postillonne, apparaît dans le film en urinant. Il provoque même chez ses amis, la nausée : « *Tu vas nous faire vomir* », lui dit Pam alors qu'il achève son récit des méthodes d'abattage des bêtes. En lui, la frontière entre les fonctions physiologiques vacille, tout se mélange déjà. Bien avant que l'on découvre les *rednecks* cannibales du film, Franklin constitue donc le premier personnage grotesque du film.

Le réalisme de *The Texas Chainsaw Massacre* appartient au "réalisme grotesque", au sens employé par Mikhaïl Bakthine[51] pour caractériser les écrits de Rabelais. Cette langue "rabaissant" toutes les activités humaines à une pure matérialité, dégageant les chairs sur fond de fêtes collectives et de festins permanents. On retrouve chez Hooper cette même façon de mélanger le corps de l'individu, celui de la société (pourrissants tous les deux), et les niveaux terriens, cosmiques et spirituels. Tout est rabattu à une pure matérialité, une forme de trivialité excessive et comique, transformant toute pensée en émanation corporelle, et toute psychologie en matière organique. Un monde voué au culte permanent et festif du Dieu biologie, un monde fait d'orgies culinaires et scatologiques, un monde de la communication généralisée entre des orifices et les hommes. Le haut à la place du bas et vice versa, mouvements que nous déjà abondamment commenté : « *Le parti pris est de toujours introduire le désordre dans l'ordre hiérarchique du cosmos, du monde, de la société et du corps enfin, de manière à rehausser vers les sphères supérieures de la spiritualité les bassesses de la matérialité et inversement.* [52] »

La séquence finale du repas dans *The Texas Chainsaw Massacre* relève de la torture, ce qui en argot, signifie "cuisiner". L'alternance entre, d'un côté les yeux écarquillés de Marilyn Burns et de l'autre, les gueules ouvertes, cavités béantes et démesurées des hôtes, offrent une vision typique de la scène grotesque[53] : le festin, la décoration de la table, la démesure, l'ambiance hystérique, le rire, la grimace et surtout l'insistance sur les bouches ouvertes, saillantes. « *Les yeux exorbités sont pour eux* (les grotesques, Nda) *forts importants,* écrit Bathkine, *parce qu'ils témoignent d'une tension purement physique. Mais la partie du visage essentielle chez eux est la bouche. Cette bouche domine. Leur visage aboutit foncièrement à une bouche grande ouverte. Tout le reste sert de cadre à cette bouche, à cet abîme corporel béant et engloutissant.* [54] » Au regard halluciné de Sally, renvoient, par un jeu de correspondances formelles déjà notées, les bouches des hôtes. Voir, c'est manger. Un lien tissé un peu plus tôt dans le film par les vomissements de Pam dans l'atelier de Leatherface, comme signe d'une incapacité à digérer l'horreur par le regard. La scène du

51 *Mikhaïl Bathkine,* L'Œuvre de François Rabelais et la Culture populaire au Moyen âge et à la Renaissance, *Gallimard, 1970.*

52 *Noëlle Chatelet, op, cit. p. 98.*

53 *Se reporter aux photos reproduites en quatrième de couverture.*

54 *Mikhaïl Bathkine, op, cit. cité par Charles Grivel,* Fantastique-Fiction, *PUF, Collection Écriture, Paris, 1992, p. 168.*

repas relève pour partie du grotesque, parce que s'y joue une forme de démesure, de folie, de surenchère, mais elle vire aussitôt à l'horreur parce que l'un des convives, Sally, n'y participe pas. C'est pourquoi, si, par de nombreux aspects, le film de Tobe Hooper évoque la langue rabelaisienne et son héritier, le roman picaresque, mais il en évacue la dimension comique, burlesque voire joyeuse. Dans *The Texas Chainsaw Massacre*, l'euphorie n'est pas de mise, le burlesque vire à l'infamie.

Sally et les loups : l'anti-conte

« L'inquiétante étrangeté vécue se constitue lorsque des complexes infantiles refoulés, sont ranimés par une impression, ou lorsque des convictions primitives dépassées paraissent à nouveau confirmées. »

Sigmund Freud

L'oncle, chez qui Sally trouve refuge, c'est le loup du *Petit Chaperon rouge*, non pas déguisé en grand-mère mais en brave autochtone texan. Leatherface, lui, c'est l'incarnation littérale du Loup des contes. C'est un assassin, un ogre, Barbe-bleue et les cannibales du Petit Poucet réunis. Ce sont aussi ses borborygmes, sa bouche démesurée, sa façon de couiner, les sons de son ventre, de ses tripes. Bruits d'un loup qui a faim, une faim de loup[55].

La plupart des films d'horreur mettent en scène des récits initiatiques empruntant leurs schémas narratifs aux contes de fées (vision animiste de l'univers, épreuves initiatiques comme passage de l'enfance à l'adolescence, découverte de la sexualité, renforcement et mise en place des tabous...). *The Texas Chainsaw Massacre* utilise bien la structure du conte de fées mais la parodie. De la même façon qu'il utilise les signes du sacré mais à des fins profanes, le film s'appuie sur le modèle du conte mais pour inverser le propos. À la formation d'un ensemble de mythe de civilisation, à la construction psychologique, il oppose le chaos, la schizophrénie, le sauvage et le *tragique.* Contrairement aux héroïnes des contes, Sally n'a pas trouvé au cours de son voyage, de quoi se construire une personnalité, de même son combat avec l'Ogre (Leatherface) n'a pas viré à l'étape initiatique. À la fin du film, elle a même régressé jusqu'au tout début de son existence, ce que laissent suggérer ses cris et le sang qui macule son visage, qui la font ressembler à un nourrisson venant de naître. Renaissance au monde, mais renaissance au chaos. On trouvera sans peine, dans le film de Hooper, de nombreuses références aux contes de fées : *La Belle et la Bête* (la jeune héroïne enlevée par la Bête – Leatherface – et emmenée dans son univers – la maison de famille), *Barbe Bleue* (la pièce interdite dans laquelle il ne faut pas pénétrer : l'atelier macabre de Leatherface et son petit abattoir), *Hansel et Gretel* (les adolescents perdus loin des parents, Sally enfermée dans un sac), *Le Petit Chaperon rouge* (Sally trouve refuge chez

55 Mais Leatherface, c'est aussi le loup, en tant qu'il désigne les masques carnavalesques.

l'oncle et découvre son vrai visage) mais aussi des lieux fortement connotés – la forêt, la poursuite nocturne – et des situations : le déguisement, la peur de l'Ogre, la présence des grands-parents, la pleine lune, les cris de loup des bourreaux au moment du repas, ou encore le lever final du jour. Mais *The Texas Chainsaw Massacre* inverse la plupart des ressources qu'il exploite du conte de fées, à commencer par le cannibalisme qui n'est pas considéré dans le film, comme un facteur de régénération.

La fuite de Sally par exemple, n'est pas la conséquence logique d'une suite d'actes intelligents (dans *Le Petit Poucet*, la victoire finale provient de l'idée astucieuse d'avoir balisé le chemin avec des cailloux) mais d'un pur accident, du hasard. Ainsi, à aucun moment, les adolescents ne s'avèrent capables de prendre en main les rennes de leurs actes ou du récit. « *Dans ce conte de fées, on ne trouve ni indices, ni mots de passe magiques, ni trésors à découvrir ou de batailles à gagner parce que le récit n'est gouverné par aucun ordre logique.* [56] » Cette absence de causalité, cette perte de contrôle généralisée, apparaît alors comme la traduction logique d'un système devenu chaotique, imprévisible, échappant à tout contrôle, tant d'un point de vue macroscopique que microscopique. Dans un monde où la causalité s'est éclipsée, où *plus rien ne fait sens,* le salut ne peut venir que du hasard. Pas d'admission au secret donc, pas de révélation d'un sens caché, des épreuves mais pas d'initiation, le chaos.

56 *Mikitta Broman,* Once Upon a Time in Texas, The Texas Chainsaw Massacre As Inverted Fairytale *in* Necronomicon, book one, *Creation Books International, p. 19.*

" La danse des hommes est une réplique de la danse des astres ". Pierre Saintyves, L'Astrologie populaire, *Paris, 1937, cité par Aude d'Achon,* Jérôme Bosch, Par-delà l'envers et l'endroit, *Éditions de la différence.*

Morning Sun, *Edward Hopper, 1952.*

> « L'art reste fidèle aux hommes uniquement par son inhumanité à leur égard. »
>
> **T.W. Adorno**

Avant ou après la catastrophe (Hooper), l'attente silencieuse (Hopper).

6 Les morts peuvent-ils danser ?

Lorsque l'on contemple les toiles de Edward Hopper, s'offre à nous une peinture sans heurts, sans accidents, sans failles. La représentation répond aux critères du réalisme lisse, fluide, presque serein. Rien ne vient faire saillie, pas de diversion figurative, juste une harmonie des formes, des couleurs, des agencements. La lumière est douce, fine, l'univers, lui, est familier, c'est le nôtre : une rase campagne, des façades de maisons ordinaires, un phare, une pompe à essence, une plage, une petite droguerie, des couples ordinaires, des intérieurs reconnaissables. Mais aussi des fenêtres et des seuils : en effet, qu'ils soient lovés dans des appartements douillets ou qu'ils baignent au grand jour dans une lumière enveloppante, les personnages hopperiens n'en finissent pas de regarder par des fenêtres, d'attendre sur des seuils.

Une femme est plongée (perdue ?) dans la lecture d'un livre. À côté d'elle, un homme, son mari probablement, contemple quelque chose à travers la fenêtre de leur appartement *(Hotel by a Railroad).* Il attend. Une femme vêtue d'une nuisette rouge, assise sur son lit, fixe elle aussi obstinément un point situé au-delà de la fenêtre de sa chambre à coucher *(Morning Sun).* Elle attend. Même posture de cette femme seule qui nous tourne le dos, assise sur un rocking-chair en face de sa fenêtre *(Room in Brooklyn).* Elle attend. Une autre encore, mais celle-là touche presque la vitre, comme aux aguets *(Cape Cod Morning).* Mais qu'attend-elle ? Ce qui apparût d'abord comme une peinture apaisante, pleine, donnant à voir de l'Amérique rurale une série de vignettes, laisse bientôt la place à « *un bruit de fond insidieux, discordant, obsédant bientôt, et qui ne cesse de perturber la tranquillité de la mimesis, les lois de l'architectonique, la profondeur du silence.* [1] »

À quoi sert une fenêtre ? À scinder un espace en deux, à ménager une zone d'échange possible, c'est aussi la fonction du seuil. La fenêtre, c'est la certitude d'un ici et l'espoir d'un ailleurs. Une topographie de la promesse, en somme. Mais encore faut-il que l'échange ait lieu et pour cela, il faudra que la fenêtre puisse s'ouvrir sur des horizons actualisables. « *Et les êtres humains eux-mêmes, que l'on jugeait si aptes à communiquer (…) se retrouvent encore côte à côte mais désormais craintifs, muets, figés, et définitivement égarés dans un lieu qui les englobe sans les accueillir, qui les sépare plus qu'il ne les relie.* [2] » L'espace est là,

1 *Jean-Paul Hameury,* Edward Hopper, *Éditions Folle Avoine, 1997, p. 18.*

2 *Jean-Paul Hameury, op, cit, p. 16.*

visible, mais inoccupé, vide. Les hommes, les femmes, les enfants, les chiens même, font semblant de l'habiter, mais à bien y regarder, ce ne sont là que des corps. Leur regard, perdu dans un ailleurs indéfini, dit leur absence au monde. L'attente interminable comme image d'une désertion de soi, à l'image du clown de *Soir Bleu*, attablé à un bistrot en (fausse) compagnie d'autres individus, une cigarette en travers de la bouche. Le déguisement est là (le corps) mais l'homme, lui, a pris congé.

Alors les personnages ont beau se tenir côte à côte, regarder dans la même direction *(People in the Sun,* 1960) et toujours au-delà des limites du cadre, on comprend bientôt que rien ne viendra mettre un terme à cette attente. Parce que chez Hopper, la promesse d'un autre monde possible a disparu. L'attente n'est pas attente de quelque chose, elle définit un être au monde, « *vivre c'est manquer* »[3].

Le grand sujet des toiles de Hopper, c'est alors ce sentiment « *d'apocalypse tranquille* », de « *catastrophe silencieuse* », pour reprendre les belles expressions de Jean-Paul Hameury[4], figuration d'un échange impossible, de la disparition d'Autrui dirons-nous. Pas de transcendance donc, pas d'épiphanie, pas de révélation, pas de geste divin, mais la sourde résignation d'un monde à une attente éternelle. Le spectateur, qui occupe toujours dans ses tableaux une position externe, s'identifie bien aux personnages, mais en tant que ceux-ci s'identifient à leur tour, à l'objet perdu. On aura reconnu ici l'ossature psychique de la mélancolie telle que l'a défini Freud. Le monde de Hopper apparaît donc comme un monde endeuillé. « *Dans le deuil,* écrit Freud, *le monde est devenu pauvre et vide.* [5] » Il porte en lui cette réaction sensible à la perte d'un objet aimé, d'une personne, voire – et c'est le cas chez Hopper – à la perte d'une abstraction. Mais ici, on ne trouve aucune trace de religiosité primitive qui aurait à charge de combler le manque. « *Le mystère ne repose pas sur une apparition immatérielle,* écrit Ivo Kranzfelder, *mais naît du simple fait qu'on ne peut le voir. Cela n'est pas métaphysique.* [6] » « *Personne n'échappe au manque puisque la Chose mythique demeure sans signifiant* »[7], ajoute Jean-Paul Hameury. Le monde hopperien ressemble donc à un monde désacralisé. Les signes du sacré abondent mais le sacré, lui, manque à l'appel des regards. Mais ces personnages qui n'en finissent plus de regarder à travers les fenêtres ont-ils seulement un jour connu le sacré ? L'ont-ils perdu ? Est-ce vraiment de lui dont ils ne parviennent pas à faire le deuil ? Chez Hopper, ce n'est pas le sacré qui manque à sa place, c'est l'Autre. Dès lors, plus qu'un monde désacralisé, le monde hopperien est un monde sans Autrui. La structure d'un tel monde, écrit Deleuze « *C'est celle du possible. Un visage effrayé, c'est l'expression d'un monde possible effrayant, ou de quelque chose d'effrayant dans le monde, que je ne vois pas encore.* [8] »

The Texas Chainsaw Massacre s'inscrit dans la grande tradition de l'art naturaliste américain : des grands peintres du XIXe (Winslow Homer ou Thomas Eakins) jusqu'aux

3 *Jean-Paul Hameury, op, cit, p. 20.*

4 *Jean-Paul Hameury, op, cit. p. 19.*

5 *Sigmund Freud,* Deuil et mélancolie *in* Métapsychologie, *Folio, Essais, p. 150.*

6 *Ivo Kranzfelder,* Edward Hopper, vision de la réalité, *Taschen, 1998, p. 45.*

7 *Jean-Paul Hameury, op, cit. p. 34.*

8 *Gilles Deleuze,* Logique du sens.

The Mansard Roof, *Edward Hopper, 1923.*

tableaux d'Edward Hopper. Le film témoigne d'un même ancrage dans la tradition américaine dont il a récupéré les motifs et l'iconographie : même destruction du paysage rural, même aliénation de l'individu, même refus de l'allégorie, même intérêt pour les bâtisses en ruine, les maisons abandonnées, et pour l'époque de la Dépression. Mais le film de Hooper a craqué les chairs du réalisme hooperien (la maison victorienne de Leatherface cite clairement *The Mansard Roof* peint en 1923, tandis que la station-service de l'oncle évoque par l'attentisme de ses occupants *Gas*,1940) pour en imaginer une version catastrophiste.

Je vois ainsi *The Texas Chainsaw Massacre* comme la *version réalisée*, enfin déclenchée, de cette "apocalypse tranquille" qui caractérise les tableaux de Hopper. Avec Hooper, c'en est fini de cette détresse sourde, de ces regards vissés à un hors champ, de cet éternel présent[9]. Sortir coûte que coûte de sa léthargie le monde hopperien, telle fut l'ambition de *The Texas Chainsaw Massacre*. Est-ce cela que les personnages d'Edward Hopper attendaient ? Que l'un d'entre eux ait le courage de tout précipiter dans le chaos, d'actionner le Grand Levier ? « *Les tableaux de Hopper évoluent dans l'ambivalence. Ils ne montrent plus un état d'innocence mais pas encore celui de l'autodestruction de l'homme.* [10] » Ici,

9 « Le moment du désespoir et de la révolte est passé. Il est désormais trop tard pour agir, gesticuler, hurler ». *Jean-Paul. Hameury, op, cit, p. 34.*

10 *Ivo Kranzfelder, op, cit. p. 75.*

réside le pari du film de Tobe Hooper : le chaos contre l'attente, l'apocalypse contre l'éternel présent, la résolution extatique contre la catastrophe tranquille.

The Texas Chainsaw Massacre aura donc commencé par liquider tout espoir de hors champ. Dès le prologue, les cadavres nous sautent au visage, Leatherface apparaît plein champ, jusqu'à l'œil désincarné de Sally, surexposé, disséqué, détaillé dans ses moindres nervures, mais personne en face pour y répondre. À la place, des gueules béantes et opaques comme prolongeant l'intransitivité d'un monde dépeuplé. Entre elle et ses tortionnaires, plus d'échange, plus de pacte, le rapport à l'autre a disparu. Celui-ci ne réfléchit plus son regard, il l'aspire, l'occulte, et par là, il la nie. Avec elle, j'en viens alors à douter de mon identité. Mais à quoi bon faire preuve de son humanité lorsqu'Autrui n'est plus là pour la recevoir ?

La suppression du hors champ, sa clôture définitive, trouve peut-être sa plus belle illustration lorsqu'après le meurtre de Kirk, Leatherface ferme sous nos yeux le rideau de fer qui sépare le vestibule de son atelier macabre. À ce moment, le plan dure [11], la coupe tarde à venir. Quelques secondes à peine mais insupportables. La frontalité du filmage accuse comme l'irruption et le retrait soudain d'un monde perdu. Tomber de rideau sur un autre dénouement possible. Mais justement, cet autre dénouement est une tromperie, comme l'attente dans les tableaux de Hopper ; le hors champ, n'existe pas et nous le savons. Ce qui se joue derrière le rideau appartient au domaine du pire, c'est là qu'on y anéantit l'autre, qu'on supprime les possibles. Dans *The Texas Chainsaw Massacre*, L'espace s'est refermé comme un tombeau abandonnant les hommes qui le peuplent, à un autisme sans fin. Le hors champ est devenu miroir aveugle et soi-même a remplacé Autrui. C'est ce qu'un critique américain, analysant le célèbre *Nighthawks,* avait appelé « *le paradoxe de l'isolement* ». Les êtres se côtoient, occupent les mêmes lieux, s'adonnent aux mêmes activités, mais entre eux, plus rien ne circule, l'échange manque. Chez Hopper comme dans *The Texas Chainsaw Massacre, Autrui fait défaut dans la structure du monde* (Deleuze). *Telle est la catastrophe.*

Après le meurtre de Pam, Leatherface par s'asseoir sur une chaise. À côté de lui une fenêtre vers laquelle il ne se tourne pas. Le regard hors champ des personnages hopperiens, laisse ici la place à un travelling avant sur l'œil de ce monstre humain. Pas de hors champ mais une même absence au monde : l'œil vide, dirigé vers l'intérieur, perdu dans un espace aveugle. « *Le monde possible exprimé existe parfaitement,* écrit Deleuze, *mais il n'existe pas (actuellement) hors de ce qu'il exprime. Le visage terrifié ne ressemble pas à la chose terrifiante, il l'implique, il l'enveloppe comme quelque chose d'autre, dans une sorte de torsion qui met l'exprimé dans l'exprimant.* [12] » Et puis cette cage rouillée à l'intérieur de laquelle se débat en vain une poule : les animaux aussi sont gagnés par la solitude. Cette image ne vient pas redire l'emprisonnement physique de Pam ou mental de Leatherface (hypothèse triviale), elle fonctionne comme *imagos mundi* d'un monde encagé [13]. « *Dans l'absence de temps,*

11 Exemple parmi d'autres du travail fait sur la coupure dans les plans. Trop longs, trop courts, pendant tout le film, Hooper ne cesse de tailler dans l'image à contretemps.

12 Gilles Deleuze, Logique du sens, *op, cit. p. 357.*

13 Image que l'on retrouve notamment dans Le Samourai de Jean-Pierre Melville, autre grand film sur la solitude au monde.

ce qui est nouveau ne renouvelle rien; ce qui est présent est inactuel; ce qui est présent ne présente rien, se représente, appartient d'ores et déjà et de tout temps au retour. [14] ». Alors, afin de rompre *l'éternel présent* [15] qui englue les personnages de Hopper, Leatherface démarre sa tronçonneuse. Agir de toute façon, fendre l'air, découper des corps, profaner des tombes, ériger des totems mais surtout, conjurer l'attente silencieuse qui le guette.

Absents à eux-mêmes, dépositaires malgré eux d'une interlocution portée à l'échelle du monde, d'un monde sans Autrui pour reprendre les mots de Deleuze, les personnages hopperiens ont attendu longtemps ce moment où le monde sortirait de sa léthargie, pour enfin se dénouer, exploser, pourrir, mais agir. La violence, l'hystérie, l'apocalypse, la laideur [16], l'épuisement, la fatigue, la mort, tous les moyens alors furent bons pour réveiller Autrui d'entre les morts : « *Une race humaine doit inventer des sacrifices égaux à l'ordre cataclysmique naturel qui l'entoure.* [17] »

Autrui, c'est ce qui « *peuple le monde d'une rumeur bienveillante* » [18]. Autrui n'est pas une structure particulière de l'autre pas plus qu'il conditionne un mode d'appréhension ou de rapport à mon semblable (perceptif, sensitif), il est ce qui détermine absolument le monde comme structure globale.

The Texas Chainsaw Massacre: ne pas se résigner à la disparition de l'humain, croire, en dépit de l'expérience tragique vécue, que l'échange est encore possible, qu'Autrui existe toujours, qu'il est peut-être là, tout proche, au bout de la route que reprend Sally à la fin du film. « *Je ne désire en autrui que les mondes possibles qu'il exprime* », écrit Gilles Deleuze [19]. Promesse d'un monde où les regards pourraient à nouveau se rencontrer puis s'échanger. Ne pas répondre à cette invite lancée si violemment par le film de Tobe Hooper, c'est se résoudre à la disparition d'Autrui, telle que posée en exergue de ce livre: Mais que se passe-t-il quand celui-ci fait défaut dans cette structure ? Gilles Deleuze: « *Seule règne la brutale opposition du soleil et de la terre, d'une lumière insoutenable et d'un abîme obscur (...). Monde crû et noir, sans potentialités ni virtualités: c'est la catégorie du possible qui s'est écroulée (...) Ayant cessé de se tendre et de se ployer les uns vers les autres, les objets se dressent menaçants; nous découvrons alors des méchancetés qui ne sont plus celles des hommes (...). Plus rien de subsiste que des profondeurs infranchissables, des distances et des différences absolues, ou bien au contraire d'insupportables répétitions, comme des longueurs exactement superposées.* [20] »

14 Edward Hopper *de Jean-Paul Hameury, op, cit. p. 27.*

15 *L'expression est de Deleuze.*

16 « *Le laid,* écrit Murielle Gagnebin, *s'érige en réel symbole de la lutte contre l'inertie* » *Murielle Gagnebin,* Fascination de la laideur. L'en-deçà psychanalytique du laid, *Éditions Champ Vallon, L'Or d'Atalante, nouvelle édition 1994, p. 269.*

17 *Jean Baudrillard,* Amériques, *Folio, Essais, p. 9.*

18 *Gilles Deleuze,* Logique du sens, *op, cit. p. 355.*

19 *Gilles Deleuze, op, cit., p. 370.*

20 *Gilles Deleuze, op, cit, p. 356.*

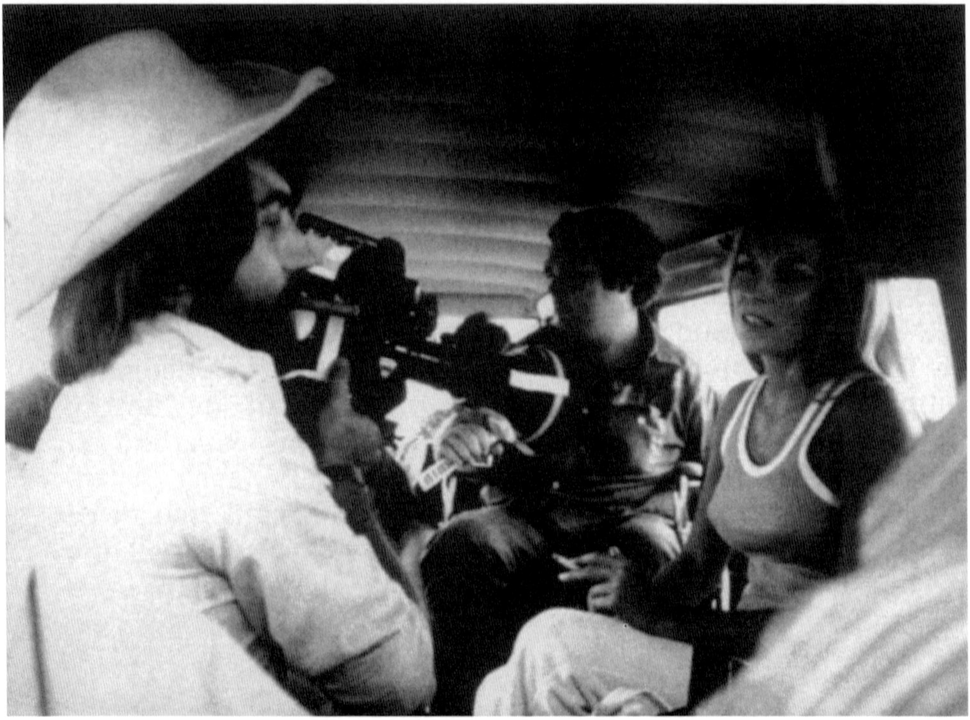

Séquences tournées mais coupées au montage

1- Séquences supplémentaires dans le van

Lorsque le van quitte le cimetière de Newt et passe près des abattoirs, les adolescents remarquent l'odeur délétère qui imprègne l'atmosphère. À l'origine, cette séquence devait être plus longue et communiquait (bien plus que dans la version finale), un sentiment désagréable à l'égard de Franklin. Au début de la séquence, Sally lui explique que le shérif de Newt lui a assuré que la tombe de leur grand-père n'a pas été profanée. Devant les abattoirs, Franklin remarque : « *That's the old slaughterhouse. It's where my grandpa used to sell his cattle* » (réplique gardée dans la version finale). Il décrit ensuite la façon dont on tuait les bêtes.

2- Le Camp

Dans la première version du script, après la découverte par Franklin d'un os pendu dans l'entrée de l'ancienne maison de famille, une scène montrait Kirk et Pam arrivant devant un camping déserté. L'idée était de suggérer que des campeurs avaient déjà fait les frais de la famille de Leatherface. Mais Tobe Hooper jugea cette séquence inutile.

Cette séquence se compose de trois plans :

– travelling lattéral de gauche à droite où l'on distingue une tente désertée derrière des feuillages. Sur la gauche, on découvre une montre clouée sur le tronc d'un arbre (motif que l'on retrouvera plus tard dans le film).

– zoom avant vers la montre clouée, avec Pam et Kirk au premier plan.

– contrechamp du travelling où l'on voit Kirk et Pam entrer dans cette clairière. Kirk s'approche, ramasse une cannette en fer vide et la jette. Au premier plan, la tente bleue. Ils se dirigent ensuite vers l'arbre et regardent vers la montre.

– plan de Kirk regardant la tente (raccord sur le jeté de la cannette).

Script de la séquence

EXTERIOR FOREST – DAY

Kirk and Pam walk along a narrow, overgrown forest trail.

PAM

Listen to me next time. I told you it was a bad time.

KIRK

Well, I think Houston is going to look pretty good.
I wish I hadn't let Franklin drag us out there.

She points ahead to the tattered remnants of a tent clinging to a rusted metal frame.

KIRK

Yeah !

They stop. The remains of a camp are some ten yards off the path. Beneath the rotted rag of a tent are the remains of two sleeping bags and the area around the tent is littered with rusted camping gear. They pause only briefly, then turn to continue. As Kirk turns, he sees at eye level, nailed to a tree trough its face, an old pocket watch.

KIRK

Huh ?

He looks closer. Touches the watch.

KIRK

Did you see this ?

Pam is beside him, looking at the watch.

PAM

That's strange, huh ?

KIRK

Yeah. That was a gold, old watch.

They move on. The path narrows as they continue and is more overgrown.

3- À l'extérieur de la station-service

Juste après la mort de Franklin, Sally est poursuivie par Leatherface et parvient à trouver finalement refuge dans la station-service du *Old Man* (ou le Cook). La séquence suivante explique pourquoi Leatherface arrête de la poursuivre.

« It was a great scene because it added more impact to the final shot of the movie. You see a bit with Leatherface swinging the chainsaw in anger here, then at the end of the movie it comes full circle. Marilyn (Sally) gets away a second time and you see it again.
I think without the first tantrum by the gas station, the final scene loses a bit of impact. »
Gunnar Hansen.

Script de la séquence :

EXTERIOR HIGHWAY - NIGHT

The lights of the service station glows dimly a mile up the highway and Sally leaps the bar ditch, runs out onto the highway and races for the station.

Leatherface bursts from the forest.

Distant headlights break upon the darkness of the roadway and bear down up Sally. She screams and pleads for the approching car to stop.

The car approaches at high speed and catching the running figure in its beams swerves widly. Fishtailing but never slowing or altering course, the car is soon just winking distant red pinpoints of light.

Sally's breath comes in long ragged gasps. She is on the verge of collapse. The lights of the service station are a watery glimmer in her blurring vision.

Leatherface is back on the blacktop and descending on the faltering Sally with terrifying rapidity.

Suddenly she is before the service station, pounding on the door and pleading... sobbing for help.

Leatherface stops in the darkness at the edge of the forest opposite the service station. The chainsaw is suddenly still. Leatherface is visibly frightened. He ceases his squealing.

He begins to pad in animal frenzy from the protection of the dark forest to the edge of the light cast by the service station and back again, tittering nervously.

There i no response to Sally's cries and she runs for a lighted outbuilding. She pounds on the door pleading for entry but does not wait for an answer and pushes the door apparently himself on the verge of oppening it as she rushes in. Sally falls back again the door, slamming it shut.

Dans cette séquence filmée selon trois axes, on voit Leatherface s'arrêter au seuil de la station-service et brandir de dépit sa tronçonneuse.

4 - Scène de maquillage

Le script fut réécrit après que cette séquence ait été tournée. Celle-ci aurait du être placée juste après que Sally ait perdu connaissance et avant le repas final.

Cette scène n'a pu être intégrée dans le montage final et pose des problèmes de continuité et de cohérence. En effet, lorsque le grand-père se nourrit du sang de Sally, Leatherface porte un masque. Dans la séquence suivante, il en porte un autre, est maquillé et flanqué d'une perruque.

Script de la séquence

Leatherface stands, much distressed, and leaves the room; he can be seen in the back ground through an open door; he is refreshing his make-up before a large framed mirror. Hung on pegs set into the mirror frame are several dozen amsks of the type he wears; there is also the dresser before the mirror an extensive collection of cosmetics.

Cette séquence fut tournée selon deux axes. Leatherface arrive, choisit dans un sceau en bois une perruque, se saisit d'un miroir, se poudre le visage et se met du rouge à lèvres (léger zoom avant). Deuxième axe : Leatherface est cadré de trois-quart dos (plan américain fixe).

5- La mort de l'auto-stoppeur

Dans le script original, juste après avoir été écrasé par le camion, un gros-plan montrait le visage de Hitchiker collé au macadam, la tête ensanglantée.

6- La Fuite de Sally

Lorsque Sally s'échappe de la maison et saute par la fenêtre, une courte scène a été filmée où l'on voyait la famille en plan d'ensemble. Elle montre la réaction hébétée de la famille devant la fuite de Sally. Hitchiker se munit de son rasoir et lui court après, Leatherface s'en va chercher sa tronçonneuse, le *Old man* encourage ses deux frères à la ramener, tandis que le grand-père reste seul au milieu de la salle à manger.

Séquence d'ouverture d'origine

Après la séquence de générique, le film devait s'ouvrir, non pas sur le plan de l'armadillo, mais sur un très gros-plan d'un chien mort. Un travelling arrière partait de l'œil du chien (une mouche collée sur le globe oculaire) jusqu'à un plan d'ensemble. Un panoramique vertical révélait l'arrivée du van par le bord cadre droit du cadre. Tobe Hooper jugea cette image trop répugnante et décida de la couper.

Script de la séquence :

EXTERIOR DAY

There is no sound. The sun is larger than the frame and white hot. À long, golden arc sweeps across the upper rigght hand corner; it is the explosive gaseous profile of the sun. There is a burst of light and a liquid rope of molten gas arcs into space and then slowly, heavily falls back into the sun.

The yellow white sun nearly fills the frame. There is a low, crackling noise. The sun begins to dissolve and becomes the eye… the purple glazed eye of a dead dog. Flies swarm the staring eye and the crackling noise becomes the buzzing of the flies.

In the extreme foreground and to the right of center, is the long and putride carcass of a dog. The lower jaw, nearly ripped from the head, hands widly askew.

The belly is a living, writhing mass of gray maggots; flies swarm the purple glazed eyes. The carcass lies some feet from the shoulder of a narrow chuck-holed two-lane highway.

It is midday and midsummer and the brutal southwestern sun blasts the dusty, choking landscape.

The air is still and heavy.

In the background is the out-of-focus image of a van.

The focus of the camera begins to change and as it changes a white van parker on the road shoulder in the background become distinct.

can you survive
The Texas Chain Saw Massacre
X (LONDON)
... it happene
CAUTION
There are scenes in this film that may be disturbing to some members of the public

RENÉ CHATEAU présente
APRÈS 5 ANS D'INTERDICTION
STRICTEMENT INTERDIT AUX MOINS DE 18 ANS
MASSACRE A LA TRONÇONNEUSE
UN FILM DE TOBE HOOPER
VERSION INTÉGRALE

The Texas Chainsaw Massacre et la censure

En vertu de l'article 19 du Code de l'industrie cinématographique, la représentation publique et l'exportation d'œuvres cinématographiques de longs et de courts métrages sont asservis à l'obtention d'un visa de contrôle. Sans lui, un film ne peut sortir en salles, sous peine d'amendes fortement dissuasives. C'est à la commission dite "de classification" qu'il appartient de juger l'intégralité des films. La commission est constituée d'un président et d'un président suppléant nommés par décret du Premier ministre, et de vingt-cinq membres regroupés en quatre collèges. Le premier collège (cinq membres représentant divers ministères : de la Justice, de l'Éducation nationale, de l'Intérieur, des Affaires sociales et de la Jeunesse), le collège des professionnels (regroupant huit membres choisis dans le milieu cinématographique), le collège des experts (huit membres) et le collège des jeunes (quatre membres âgés de dix-huit à vingt-cinq ans). La commission siège en sous-commissions et éventuellement en assemblée plénière. Si le film présenté ne soulève pas d'objection après examen en sous-commission, le visa est délivré pour tous publics. En revanche, si la sous-commission suggère des mesures restrictives (interdiction aux moins de douze, de seize voire de dix-huit ans), le film passe en commission plénière. Si celle-ci confirme les mesures restrictives précédemment proposées, elle rédige à l'attention du ministre de la Culture un avis motivant son choix. C'est toujours à lui (et son cabinet) que revient la décision finale. Mais l'expérience a prouvé que ce dernier ne déjuge qu'exceptionnellement la commission plénière.

Selon les repères jurisprudentiels sur le contenu des mesures « *sont interdites aux mineurs de moins de dix-huit ans (avec classement) : les œuvres pornographiques et les œuvres d'incitation à la violence, qui font l'apologie de celle-ci, la présentant sous un jour séduisant et incitent le spectateur à y recourir (apologie du crime, du terrorisme, etc.). Sont interdites totalement les œuvres qui portent atteinte grave à la dignité de la personne humaine (les derniers films interdits étaient relatifs aux traitements infligés aux femmes dans certains camps de concentration nazis, d'autre part ont toujours été interdits en France les films pornographiques impliquant les enfants, les films montrant des relations sexuelles entre les humains et les animaux, dans le passé certains films ont été totalement interdits en raison d'une violence excessive et insoutenable). Cette mesure n'a jamais été utilisée depuis 1981* » (sources CNC). *The Texas Chainsaw Massacre* sera présenté pour la première fois le 15 septembre 1975 à la commission de contrôle (le CNC, appartenant à lépoque la sous-direction des affaires financières et des organismes contrôlés) mais n'obtiendra son visa que sept ans plus tard, le 5 février 1982.

Nous nous proposons de retracer ici certaines des étapes qui ont permis au film de Tobe Hooper de sortir sur les écrans français le 5 mai 1982, cas unique dans les annales de la commission de contrôle, *The Texas Chainsaw Massacre* cristallisa au fil des ans, et dans l'esprit de ses membres, le pire de ce que le cinéma pouvait produire, en terme de violence, d'incitation au meurtre, d'atteinte à la dignité humaine, d'abjection.

En 1975, les droits de distribution et d'exploitation de *The Texas Chainsaw Massacre* pour la France (présenté sous le titre *Massacre à la tronçonneuse*) sont détenus par la société Lusofrance. Le 15 septembre, celle-ci adresse une lettre au directeur général du CNC afin de convenir d'une date de présentation du film *Massacre à la tronçonneuse* à la commission de Contrôle des films cinématographiques (courrier n° 8488 ainsi enregistré au service du courrier du CNC). Le film est immatriculé au Registre Public de la Cinématographie sous le numéro 46788. Le métrage du film est de 2 500 m et n'attend plus, pour son exploitation en salles, qu'un numéro de visa. Le 29 septembre, le CNC contacte Gérard Wolf, directeur de Lusofrance, et lui annonce que le film sera examiné en commission de Contrôle le 8 octobre. Wolf est prié
de remettre le dossier complet du film avant le 6 octobre. À l'instar de tous les films étrangers, *Massacre à la tronçonneuse* devra être présenté en en version originale sous-titrée en français. Le film sera traduit par Michel Salva et sous-titré chez Titra Film. Mais avant de présenter un film à la commission, le distributeur doit également s'acquitter d'une "taxe de vision" qui se monte à 0,20 franc par mètre (Coût de *Massacre à la tronçonneuse* – version française et version originale –: 464, 40 francs, soit 2 322 mètres).

Avec le film, devront être fournis: une continuité dialoguée de la bande annonce (celle-ci doit également recevoir l'aval de la commission), un exemplaire de la formule de renseignements (celle-ci comporte la nationalité du film, le métrage et le nom des principaux collaborateurs), l'avis favorable du Service Étranger, le synopsis du film *(« Ce film, tiré d'un fait divers américain, raconte le massacre de quatre jeunes gens par une famille de déments. Le scénario a été écrit d'après le récit fait par la seule rescapée de cette tuerie »)* et une continuité dialoguée du film. La continuité dialoguée alors fournie au CNC contient le détail des cinq bobines du film.

– Première bobine: 12 pages, 220 numéros de dialogue. Pour chaque numéro, est indiqué le *"start footage"* et le *"end footage"* (en mètre ou en seconde) puis la durée de chaque numéro.

2. Version Originale : «…representative by name and refused to give further details in the case ».

3. V. O. : « It is believed that the indictment is only one of a series to be handed down as a result of a special Grand Jury investigation. » (4min11s)

4. V. O. : « Grave robbing in Texas is this hour's top news story. An informant led officers of the Muerto County Sheriff's Department to a cemetary just oustide the small rural Texas community of Newt early this morning. Officers there discovered what appeared to be a badly decomposed body wired to a large monument; a second body was found in a ditch near the perimeter of the cemetary, subsequent investigation has revealed at least a dozen empty crypts and it is feared more will turn up as the probe continues. Deputies report that in some instance only parts of a corpse had been removed – the head or in some cases the extremeties removed, the remainder of the corpse left intact. Evidence indicates the robberies have occured over a period of time. Sheriff Jesus Maldanado refused to give details in the ghoulish case and said only that he did have strong evidence lingking the crime to elements outside the state. Area residents have reportedly converged on the cemetary fearing the remains of relatives have been removed. No suspects are in custody as investigation at the scene continues. » (98s)

5. V. O. : « Oil storage units continue to burn out of control at the huge Texaco refinery near the Texas/Louisana border. Three storage units exploded during the night killing at least three workers and injuring a dozen more. Firelighting units from three Texas cities continue to battle the holocaust in an effort to continue forty foot flames. Smoke from the fire is visible to Houston residents some sixty miles to the south. » (32s)

6. V. O. : « Health officials in San Francisco reluctantly admit they may have a cholera epidemic on their hands. Some forty cases of the highly infectious disease have been confirmed. » (14s)

7. V. O. : « Houston police are puzzled over an outbreak of violence apparently touched off by a suicide. A young man reportedly angered by a local television blackout of a sports event jumpred from the tenth story window of his apartment. À second man… » (20s)

8. V. O. : «…minor wounds at Ben Taub hospital and released. » (3s)

9. V. O. : « A sixteen story building under construction in downtown Atlanta collapsed today killing at least 29 persons. The engineering firm responsible for the structural design of the building could offer no explanation for the collapse. Spokesmen for the construction firm… » (23s)

10. V. O. : «…say there is no logical reason for the collapse and suspect sabotage. » (6s)

11. V. O. : « Police in Gary, Indiana, have been unable to identify the bodies of a young man and woman discovered by children in the gymnasium of an elementary school. Both bodies were nude, riddled with stab wounds, and their featured carved away. The man's genitals had been removed and police first... » (23s)

12. V. O. : «...identified the victims as two women. » (2s)

13. V. O. : « Continuing suqabbling among Latin American governments over oil rich regions of the upper amazon today erupted into violence. » (6s)

14 : First dialogue of Kirk.

15. V. O. : « Forces of at least three South American governements are reportedly involved... » (10s)

16. V. O. : «...dogfight over the edisputed territory. Details are sketchy and as yet none of the governements involved has acknowledged the reports. » (11s)

On rapporte ensuite un fait divers scabreux découvert à Dallas l'histoire d'un couple qui avait enfermé sa fillette de 18 mois dans le grenier d'une maison abandonnée dans le Colorado. Il est enfin fait mention que les adolescents se dirigent vers Houston.

Les quatre autres bobines se découpent comme suit :

– Deuxième bobine : 7 pages. De 221 à 376 lignes de dialogues (l.d.d.).

– Troisième bobine : 10 pages. De 377 à 600 (l.d.d.).

– Quatrième bobine : 7 pages. De 601 à 776 (l.d.d.).

– Cinquième bobine : 1 page. De 777 à 783 l.d.d.

Le mercredi 8 octobre 1975, la sous-commission se réunit pour examiner le film. À cette époque, la commission se compose de certaines "Personnalités représentant les ministères" et des "Personnalités désignées à raison de leur compétence". Alfred Barbariche et Gilles Bourdon sont de celles-là. À l'issue de la projection, le premier écrit sur le procès verbal « *Une effroyable histoire débordante d'horreur, de morts-vivants, de tueurs, de victimes tailladées, découpées à la scie mécanique... L'interdiction aux mineurs s'impose.* »

La sous-commission de contrôle qualifie le film de "tragédie horrifiante" et fait le compte rendu suivant :

« *Soit disant tiré d'un fait divers, le film retrace l'effroyable aventure dont furent les malheureux héros cinq jeunes gens – trois garçons, dont un impotent, et deux jeunes filles – partis en auto, un beau jour d'été, pour passer une agréable journée à la campagne. Quatre y laissèrent leur vie dans des conditions abominables et une seule fille, SALLY, survivante mais marquée physiquement et mentalement, pourra faire le récit de la tuerie dont elle fut le témoin.* »

« *Histoire à faire dresser les cheveux sur la tête, terrifiante et sanglante, portée à la limite de la cruauté, atteignant l'insoutenable par une progression étudiée de la sauva-*

gerie de scène en scène. Et d'abord un auto-stoppeur fou que les jeunes gens accueillent dans leur voiture et qu'ils expulseront après que l'énergumène les eut quelque peu tailladés avec un rasoir. C'est ensuite l'arrivée dans un coin champêtre, qui se révèle vite rébarbatif, à la vue du petit cimetière profané par des déterreurs et du fait du tenancier de la station service qui leur refuse l'essence pour les retenir. Cet homme est d'ailleurs l'un des trois frères déments qui vont bientôt martyriser les jeunes touristes, des fous furieux qui vivent dans une maison retirée, laquelle est en vérité un abattoir-humain. Trois garçons et une fille y seront attirés et trucidés par le démoniaque tueur du trio infâme et puis ce sera le tour de l'infirme extirpé de son fauteuil roulant. SALLY, la rescapée, sera la dernière capturée et devra subit un incroyable supplice avant d'être sauvée in extremis par deux courageux automobilistes. »

« Aventure presque inracontable tant elle fourmille d'événements atroces, de scènes révoltantes ou particulièrement ignobles, où l'épouvante a sa place, et le draculesque, un mort-vivant nourri du sang de SALLY mettant le comble à ce morceau de sauvagerie. Citons seulement la torture de la jeune fille ficelée, battue, dans les bras du mort-vivant, demi-nue, membres tailladés, assistant hurlante d'effroi, au découpage de ses compagnons à la scie mécanique alors qu'elle est elle-même suspendue à un crochet de boucher enfoncé dans son dos, parvenant à s'enfuir cependant poursuivie par le monstrueux tueur armé de sa scie tronçonneuse, s'abattant enfin sur la route, méconnaissable, râlante, dégoulinante de sang, folle de terreur. »

« Violence proprement démentielle à l'actif d'un invraisemblable trio de dégénérés, dans une atmosphère de crime et de sadisme propre à faire chavirer les cœurs, sensibles ou non, ceux qui ne sont pas des amateurs inconditionnels, insatiables des films d'horreur poussés au paroxysme. »

« Écœurée par cet étalage conscient, complaisant, de barbarie et de sadisme, la sous-commission propose que le film en cause fasse, pour le moins, l'objet d'une interdiction aux mineurs. »

Alain Barbariche

Compte tenu des mesures restrictives proposées par la sous-commission (en 1975, les mentions possibles sont les suivantes : *« Autorisé pour tout public, Interdit aux mineurs de moins de 13 ans, Interdit aux mineurs de moins de 18 ans, Interdit totalement »), Massacre à la tronçonneuse* passera en commission plénière. Le 22 octobre, le CNC, sous la plume de Jean Grudler, adresse un courrier à la société Lusofrance afin de l'informer que le film est envoyé à l'examen de l'assemblée plénière qui se tiendra le 30 octobre.

Séance du 30 octobre 1975. Commission de contrôle des films cinématographiques. Plénière. 2e vision.

Métrage : 2322 m. Avis de la commission : "Interdit totalement".

Président : Pierre Soudet

Président suppléant : Jean-François Thery

Étaient présents (des services précédemment cités) : Laurent Fabius (A. Culturelles), Jean Bourelly (Justice), Jean-François Nodinot (A. Étrangères), Jean Vidal (Intérieur), Colonel Gilbert Forray (Armées), Marie-Madeleine de Montera (E. Nationale), Jean-François de Vulpillières (Jeunesse...), Madeleine Lechabrier (Santé).

Personnalités choisies parmi des sociologues, psychologues, éducateurs, magistrats, médecins et pédagogues : l'abbé Raymond Giraudeau, Pierre Vandervoorde, Pierre Savinaud, Dr Jean-Marc Alby, Raymond Jacquenod. Personnalités représentant l'UNAF (Haut comité de la jeunesse et l'association des maires de France) : Arlette de la Brosse, Madeleine de Tienda, Jacques Carat et André Mandonnet.

Profession cinématographique : René Thévenet, Gérard Ducaux-Rupp, Claude Hirsch, Robert Tenoudji, Jean Wald, Anatole Dauman, Jacques Deray, Charles Ford. Et deux "personnalités" participant aux séances à titres consultatif : René Moreau, Jean Terrade.

« L'affabulation du film est simple : dans une Amérique vraisemblable et paisible, une panne d'essence met un groupe de jeunes gens en présence de déséquilibrés homicides qui dépècent leurs victimes à la tronçonneuse. »

« En dépit d'une certaine outrance dans les effets, le film est d'une extrême vraisemblance, il dégage un vertige de meurtre gratuit et voluptueux où s'exprime de surcroît à travers la torture puis la mise à mort des victimes une volonté de puissance à la fois démente et sadique. Le film étant bien fait et, par là, convaincant, il est d'une redoutable et directe puissance incitative. »

« À l'unanimité, la commission de contrôle a estimé que si la nécessité de maintenir la notion d'interdiction totale avait besoin d'une démonstration, celle-ci se trouvait entièrement accomplie par le présent film. »

« C'est donc cette mesure même d'interdiction totale qu'elle propose. »

Le secrétariat d'état à la Culture entérine l'avis de la commission plénière et prépare une lettre à l'attention de Luso France, stipulant le refus du visa d'exploitation pour le film *Massacre à la tronçonneuse* : *« Me rangeant ainsi à l'avis exprimé, j'ai décidé d'interdire totalement l'exploitation en France du film précité. »* Mais la lettre restera bloquée au ministère pendant un an. Aucune explication ne sera fournie, ni par le ministère, ni par le CNC. Le 3 octobre 1976, Gérard Wolf, adresse la lettre suivante à Christine Chanet, chargée de mission auprès du Secrétariat d'État à la Culture :

Madame la chargée de Mission,

Je suis PDG d'une société de Distribution de films dont la raison sociale est Lusofrance, 62, rue du Temple à Paris 3e et qui depuis dix-huit mois possède les droits de distribution de deux films intitulés Massacre à la tronçonneuse *et* L'Organe, *et pour lesquels depuis plus d'un an il m'est impossible d'avoir une réponse écrite et définitive concernant l'obtention d'un visa interdit aux mineurs ou un visa X ou bien une interdiction totale.*

Je vous signale que je suis parfaitement disposé à envisager des coupes dans chacun de ces films, à condition qu'on me le demande. Je pense, en tout cas, j'ose espérer, que cette situation ne se prolongera plus longtemps, car il faut comprendre que ma société a versé des sommes importantes sous forme d'à-valoir aux producteurs américains de ces deux films et que nous sommes dans l'impossibilité soit de nous faire rembourser soit d'exploiter enfin ces films.

Massacre à la tronçonneuse, *est exploité actuellement en Italie, Belgique, Espagne et Luxembourg, c'est-à-dire dans les pays limitrophes de la France dans le cadre de la CEE. Il serait tout de même curieux qu'il ne le soit pas en France, alors que nombre de ces pays semblent avoir des Censures plus dures que la nôtre.*

Christine Chanet répond favorablement et le 21 octobre 1976, Françoise Giroud, alors Secrétaire d'État à la Culture, écrit à Pierre Soudet (président de la commission) et se fait l'écho de la demande de Lusofrance. « *Bien que ses deux films ont été soumis à la commission le 30 octobre et le 20 novembre 1975, aucune réponse n'a été faite à Gérard Wolf à la demande de visa. Toutefois, la décision de votre commission ayant été prise avant l'entrée en application de la législation de décembre 1975 sur les films pornographiques et de violence, je souhaiterais connaître l'avis de votre commission au regard du nouvel éventail de mesures dont elle dispose.* »

L'article 11 de la Loi de Finances n° 75-1278, dite la Loi du 30 décembre 75 stipule notamment que :

« *La taxe sur la valeur ajoutée est perçue au taux majoré sur les cessions de droits portant sur les films pornographiques ou d'incitation à la violence, ainsi que sur les droits d'entrée pour les séances au cours desquelles ces films sont projetés.* »

« *Il est institué un prélèvement spécial du 20 % sur la fraction des bénéfices industriels et commerciaux imposables à l'impôt sur les sociétés ou à l'impôt sur le revenu qui résulte de la production, de la distribution ou de la représentation de films pornographiques ou d'incitation à la violence.* »

« *Les films pornographiques ou d'incitation à la violence qui ne sont pas soumis aux procédures d'agrément prévues en matière de soutien financier de l'État à l'industrie cinématographique ou qui sont produits par des entreprises non établies en France, donnent lieu au versement par les distributeurs d'une taxe spéciale dont le montant est fixé forfaitairement à une somme de 300 000 F pour les films de long-métrage (...). À compter du 1er janvier 1976, les films visés au précédent alinéa et les salles où ils sont projetés sont exclus du bénéfice de toute forme d'aide sélective au titre de soutien financier.* »

Le 27 octobre 1976, le secrétariat d'état à la Culture informe Gérard Wolf que *Massacre à la tronçonneuse* sera présenté en assemblée plénière le mardi 2 novembre 1976. On lui demande de déposer une copie avant le 20 octobre.

Procès verbal de la commission plénière du 2 novembre 1976. 3e vision. Dossier 2 583. Le président suppléant : Jean-François Thery

Avis de la commission : « *La commission, appelée à délibérer sur ce film en octobre 1975 avait recommandé une interdiction totale. Madame le Secrétaire d'État à la culture a demandé une nouvelle délibération, en raison de la promulgation, depuis lors, de la loi du 30 décembre 1975, instaurant une catégorie de films d'incitation à la violence.* »

« *C'est dans cet esprit que le film a été revu.* »

« *La commission a cependant jugé devoir maintenir sa position antérieure. La violence de ce film est en effet particulièrement agressive : au-delà même de l'utilisation de la tronçonneuse, qui rejoint l'aspect "grand guignol" de cette production, chaque image apporte sa charge de violence, à la fois insensée et proche de la vie quotidienne. On nous montre comment ligoter un otage, lui poser un bâillon, l'abattre à coups de marteau. L'horreur n'est pas un spectacle, elle est produite avec des moyens quotidiens qui nous concernent. Et surtout, au-delà de la violence, c'est dans l'univers de la psychose qu'on nous fait entrer. Ce film n'est pas une incitation à la violence, c'est une introduction à la folie.* »

« *C'est pourquoi la commission a pensé devoir persister à recommander l'interdiction totale.* »

Sur 21 votants, 20 se prononcent pour une interdiction totale. Une seule voix se prononce pour une interdiction aux mineurs X violence.

Entre temps, le film de Tobe Hooper commence à circuler dans les festivals. Depuis mai 1975, où il est sélectionné au Festival de Cannes pour la Quinzaine des réalisateurs jusqu'au mois de janvier 1976, où il reçoit le Grand Prix de la Critique au festival d'Avoriaz.

Mais en dépit de l'avis de la commission du 2 novembre 1976, Christine Chanet choisit d'autoriser la sortie en salles. Le 14 janvier 1977, elle écrit à la société Luso France : « *J'ai l'honneur de vous faire savoir qu'après avoir pris connaissance de l'avis d'interdiction proposé par la commission de Contrôle des films cinématographiques, je n'ai pas estimé utile d'interdire ce film.* »

« *J'autorise en conséquence, la sortie de ce film, naturellement assortie d'une mesure d'interdiction aux mineurs, et par arrêté du 29 décembre 1976, paru au Journal Officiel du 7 janvier 1977, j'ai décidé d'inscrire ce film sur la liste des films d'incitation à la violence aux termes des articles 11 et 12 de la loi des finances n° 75-1278 du 30 décembre 1975. »*

Le film obtient enfin un numéro de visa (n° 46788) et les droits d'exploitation et de distribution. Mais au même moment, la commission de Contrôle reçoit de la part des Éditions René Chateau un courrier leur demandant de suspendre la suspension du visa d'exploitation du film présenté par la société Lusofrance, *« jusqu'à ce que la situation litigieuse concernant ce film ait été éclaircie »*. René Chateau avait acquis en effet les droits du film par un contrat en date du 12 octobre 76 avec la société Big Shot Enterprises Ltd, laquelle avait racheté les droits à une société américaine, JAD Films International Inc. C'est avec JAD films que Gérard Wolf, directeur de Lusofilms avait traité. Mais, dans l'incapacité de remplir ses engagements financiers auprès d'elle (obtenir un visa d'exploitation en moins d'un an), JAD Films reprit les droits de *Massacre à la tronçonneuse*. Le contrat, daté du 22 mai 1975, fut annulé le 16 juillet 1976. Robert Meyers, président de JAD International, envoie alors au directeur du CNC le contrat (de cession des droits) signé avec Luso France. Celui-ci stipule que Lusofrance possède les droits d'exploitation pour la France, les DOM, les TOM et les anciennes colonies françaises à l'exception du Canada, de la Belgique et de la Suisse. *« La présente concession prendra effet à dater de l'obtention du visa de censure et se terminera sans aucune formalité sept ans après. Le prix de la concession est fixé à 30 000 dollars (10 % à la signature et 90 % à l'obtention du visa de censure) ».*

Paragraphe 6, ligne 2 du contrat : *« Si dans les douze mois qui suivent la signature des présentes Lusofrance n'avait pu obtenir le visa de censure du film de référence, la présente concession serait purement et simplement annulée et les 3 000 dollars seraient restitués par le concédant au concessionnaire. »*

Ligne 3 : *« S'il s'avérait que la commission de Censure française demandait de procéder à des coupes telles que le film perdit de son intérêt la présente concession serait également annulée de plein droit. »*

La société Big Shot garantissait à René Chateau être en pleine possession de la totalité des droits du film. *« Nous avons donc été très surpris d'apprendre que la société Lusofrance a enregistré au registre public, le 17 novembre 1976, un contrat pour le même film daté de mai 1975, qui la rendait propriétaire des droits. »*

Le 25 janvier 1979, Vincent Anquer, ancien ministre, député de la Vendée adresse un courrier à Jean-Philippe Lecat, alors ministre de la Culture. Pour des raisons non éclaircies (clientélisme ? dessous de tables ?

pressions diverses ?), il demande à Lecat un réexamen du classement X : « *En effet, cette production a été classée X bien que ne présentant pas de caractère pornographique ni violent. D'autre part le réalisateur a entrepris auprès de vos prédécesseurs un certain nombre de démarches afin que la décision soit réexaminée en s'appuyant sur le fait que des classements ont été modifiés dans un passé récent.* »

C'est ainsi que le film *Emmanuelle 2* classé X par arrêté du 14 janvier 1976 a été reclassé début 1978, de même que le film *Exhibition*. Ces deux films sont diffusés dans le circuit commercial normal. Le ministère de la Culture répond favorablement à la requête du député et G. Valter, sous-directeur des affaires générales, transmet au CNC la demande de réexamen. Un peu agacé, ce dernier lui répond « qu'*aucun élément d'information concernant l'éventualité d'un tel réexamen n'est parvenu à ce jour au secrétariat de la commission de contrôle et j'ajoute,* écrit Claude Ravier, *que d'un point de vue général, le Président de cette commission, pour ce qui le concerne, s'est toujours opposé très fermement à ce que le classement d'un film dans la catégorie considérée, une fois acquis, puisse être remis en cause.* » (lettre du 21 février 1979) Le film ne repasse donc pas en commission.

Le 26 octobre 1979, c'est au tour d'Antoine Tixeront, de la faculté des sciences de Nancy et du ciné-club des sciences, d'écrire au ministre de la Culture et de lui demander l'autorisation de projeter *Massacre à la tronçonneuse* dans le cadre d'un festival de films d'horreur qu'il organise à Nancy. La lettre est transmise au CNC. Celui-ci répond le 6 décembre 1979 : « *La loi a institué, à l'égard des films étrangers classés dans la catégorie en cause, l'obligation du versement d'une taxe spéciale forfaitaire d'un montant de 300 000 francs dès la première projection publique desdits films, quelle que soit la nature de cette projection. Or le distributeur du film* Massacre à la tronçonneuse *n'a pas, jusqu'à présent, acquitté cette taxe ni manifesté son intention de l'acquitter. La situation actuelle de ce film vis-à-vis des dispositions instituées par la loi du 30 décembre 75 n'autorise donc pas sa sortie, même s'il s'agit d'une sortie de caractère exceptionnel.* »

En janvier 1980, pour des raisons non éclaircies, Edgar Faure, alors ancien ministre, ancien président de l'Assemblée nationale et député du Doubs, adresse un courrier au ministère de la Culture et de la Communication et demande à son tour de réexaminer *Massacre à la tronçonneuse*. Le 6 février 1980 Jean-Philippe Lecat répond : « *Tout à fait exceptionnellement, compte tenu du délai écoulé depuis cette décision ainsi que des modifications qui auraient été apportées au contenu du film considéré, je demande au Président de la commission de contrôle de faire procéder au réexamen de cette production.* » Le même jour, Pierre Soudet, président de la commission est poliment sommé par Bertrand Eveno, directeur de cabinet du ministre de la Culture et de la Communication : « *Je vous serais obligé de bien vouloir faire procéder au réexamen, par la commission de contrôle, du film américain "MASSACRE À LA TRONÇONNEUSE" classé dans la catégorie des films d'incitation à la violence par arrêté du 29 décembre 1976. Ce réexamen m'apparaît justifié par les considérations suivantes :*

– d'une part, le classement de cette production dans la catégorie des films d'incitation à la violence remonte à plus de trois ans ;

– d'autre part, des modifications ont été apportées à la version du film ayant motivé cette dernière décision. »

René Chateau est alors prévenu. *Massacre à la tronçonneuse* passera devant la commission en assemblée plénière le jeudi 14 février 1980. On lui demande, avant de représenter le film, d'établir des coupes. 33 mètres 70 de bobine seront supprimés, l'équivalent, d'une minute et 13 secondes.
Le 13 février 1980, René Chateau présente la liste des allégements du film :

1. Dans la camionnette, allégement du gros-plan de l'automutilation de l'auto-stoppeur débile avec le couteau de Franklin.
2. Allégement du gros-plan de l'avant-bras de Franklin tailladé par l'auto stoppeur débile avec un rasoir.
3. Allégement de l'assassinat de Kirk par le fou au masque de cuir.
4. Et de l'assassinat de Pamela, notamment quand elle hurle accrochée au croc de boucher.
5. Allégement du découpage de la première victime à la tronçonneuse par le fou au masque.
6. Allégement lorsque le fou au masque attaque à la tronçonneuse Franklin l'infirme, et que sa sœur Sally s'enfuit.
7. Allégement des plans du père centenaire suçant le doigt de Sally, et essayant de l'assommer avec un marteau.
8. Et de gros-plans sur les yeux de Sally.
9. Allégement du visage ensanglanté de Sally après avoir sauté par la fenêtre.
10. Allégement de la poursuite du débile en train de taillader le dos de Sally avec un rasoir.
11. Allégement dans la dernière poursuite du fou au masque autour du camion rouge.

14 février 1980 : la commission de contrôle des films cinématographiques se réunit en assemblée plénière, sous la présidence de Pierre Soudet. Quatrième vision de *Massacre à la tronçonneuse.* Le film est présenté avec la mention suivante « *À revoir après modifications + coupes pour levée éventuelle de l'interdiction aux mineurs (X – incitation à la violence –).* » Quelques heures plus tard, la commission conserve l'avis qu'elle avait précédemment émis, *Massacre à la*

tronçonneuse conserve sa mention "X-incitation à la violence".

Le 31 mars 1980, Bertrand Eveno (Directeur de Cabinet du ministre de la Culture et de la Communication) écrit à René Chateau la lettre suivante :

Messieurs,

J'ai été amené à demander à la commission de contrôle des films cinématographiques de procéder à un nouvel examen du film américain de long métrage intitulé "MASSACRE À LA TRONÇONNEUSE" qui a fait l'objet, en date du 29 décembre 1976 (J.O. du 7.1.77) d'un arrêté de classement dans la catégorie des films d'incitation à la violence au sens des articles 11 et 12 de la loi n° 75-1278 du 30 décembre 1975.

Cette nouvelle lecture organisée exceptionnellement à la suite de modifications apportées à la version primitive dudit film et compte tenu du délai écoulé depuis la décision de classement, a eu lieu lors de la séance plénière du 14 février 1980.

La commission a émis l'avis suivant :

« Appelée à la demande du Ministre de la culture et de la communication à revoir le film "MASSACRE À LA TRONÇONNEUSE", la commission de contrôle n'a pu que confirmer l'avis qu'elle avait exprimé une première fois le 30 octobre 1975, puis, sur renvoi du Secrétaire d'État à la culture, le 2 novembre 1976. »

« Cet avis répété est un avis d'interdiction totale dont les raisons, exposées dans les motivations afférentes aux deux examens successifs rappelés ci-dessus, n'ont pas semblé à la commission de contrôle devoir être modifié par les soit disant coupures, fragmentées et non significatives, de surcroît d'une durée totale inférieure à 1 minute 30 secondes, qui ne modifient en rien l'impact du film. »

« Cet avis est celui que la commission de contrôle a estimé devoir exprimer à nouveau dans le cadre de sa compétence consultative, après avoir néanmoins été invitée à étendre son choix à celui de la formule d'interdiction afférente aux films d'incitation à la violence, solution maxima d'interdiction que le Ministre de la culture et de la communication est susceptible de prendre en raison de la décision du 14 janvier 1977. »

« Elle laisse donc la place au maintien de la décision de classement à titre de film d'incitation à la violence, mais exprime qu'une telle solution représente, à son sens, le minimum envisageable. »

« En considération de cet avis, il ne m'apparaît pas possible de revenir sur la décision précédemment prise et je crois devoir maintenir le classement de ce film dans la catégorie des films d'incitation à la violence au sens des articles 11 et 12 de la loi n° 75-1278-classement effectué par arrêté en date du 29 décembre 1976 (J.O. du 7.1.77) »

Lors du vote, 17 voix s'expriment pour l'interdiction totale et 3 pour l'interdiction aux mineurs et maintien du X incitation à la violence.

Le 1er avril 1980, Jean-Philippe Lecat en informe alors Edgar Faure : *« Je vous ai fait savoir récemment que pour répondre à votre souhait, il serait demandé exceptionnellement à la commission de contrôle de réexaminer le film américain "MASSACRE A LA TRONÇONNEUSE". Le réexamen du film a eu lieu lors de la séance plénière du 14 février 1980 de la commission de contrôle. Celle-ci a confirmé à une très forte majorité ses précédents avis, estimant que les allégements minimes opérés par rapport à la version antérieure du film n'étaient nullement significatifs. »*

Le 10 août 1981, René Chateau sollicite auprès du directeur général du CNC une nouvelle présentation du film à la commission de contrôle, et tenter d'obtenir enfin un visa de censure.

Jean-François Thery écrit sur la lettre : « *Ne rien faire pour l'instant. M'en reparler* ». Puis sur une autre note « *Le film n'a pas de visa car il n'a pas payé la taxe de 300 000 F. Vous pouvez donc encore, sans formalité, le laisser sortir avec l'interdiction que vous voudrez… Pas la peine de le revoir car la commission ne se déjugera pas.* »

Le mardi 3 novembre 1981, *Massacre à la tronçonneuse* passe pour la cinquième fois devant la commission.

Toujours 2 288 mètres avec l'avis « *À revoir pour levée éventuelle de l'interdiction aux mineurs X incitation à la violence.* »

Président : Jean-François Thery

Sur 19 votants, 7 se prononcent pour une interdiction totale, et 12 pour l'interdiction aux mineurs.

Comte-rendu de l'assemblée du 3 novembre 1981 : « *Pour la cinquième fois, la commission est donc appelée à revoir ce "Massacre à la tronçonneuse"… Avec les années, ce film n'a rien perdu de son impact. Il comporte de longues scènes de terreur pure, dont l'intensité et la dureté atteignent l'insoutenable. Chaque séquence apporte sa charge de violence à la fois insensée, et produite par des moyens simples et quotidiens qui renforcent sa crédibilité.* »

« *Comme elle l'avait noté lors d'une précédente vision, la commission a estimé que la solution du "X violence" adoptée en son temps par Madame Giroud, n'était pas pertinente : plus qu'une invitation à la violence, ce film est, à la vérité, une introduction à la folie.* »

« *La commission n'a finalement, pas pensé non plus pouvoir maintenir une proposition d'interdiction totale : certains allégements opérés dans le film, portant sur des images particulièrement odieuses, et, il faut le dire, certains autres films sortis depuis lors, rendent aujourd'hui cette solution inadéquate.* »

« *Elle propose donc en définitive une interdiction aux mineurs.* »

Le 14 décembre 1981, Jack Lang, alors ministre de la Culture écrit à René Chateau et fait part des conclusions de la commission et « *Me rangeant à l'avis ainsi exprimé, j'ai pris, en date du 23 novembre 1981 un nouvel arrêté abrogeant l'arrêté du 29 décembre 1976 portant classement du film "MASSACRE À LA TRONÇONNEUSE" dans la catégorie des films d'incitation à la violence. Ce texte a été publié au J.O. du 28 novembre 1981. »*

Le 19 avril 1982, une fiche de renseignements est alors fournie par René Chateau à la commission de contrôle. Avec ce dossier, est présentée une nouvelle traduction française (qui est celle que l'on connaît aujourd'hui) et un nouveau synopsis *(« Le film relate la tragédie que vécurent cinq jeunes gens, partis par un bel après-midi d'été visiter la maison abandonnée de leurs ancêtres et qui à la suite d'une panne d'essence se trouvent livrés à la folie meurtrière d'une famille d'anciens bouchers du Texas réduits au chômage par la mécanisation de l'abattoir »).*

Le film sera postsynchronisé et passera une nouvelle fois en sous-commission pour l'acceptation de la version française. Il obtient enfin son visa le 29 avril 1982 et sort sur les écrans parisiens le 5 mai 1982.

SECRETARIAT D'ETAT A LA CULTURE

Classement des films pornographiques ou d'incitation à la violence.

Le secrétaire d'Etat à la culture,

Vu le code de l'industrie cinématographique, ensemble les textes pris pour son application ;

Vu la loi n° 75-1278 du 30 décembre 1975, et notamment ses articles 11, 12 et 18 ;

Vu le décret n° 59-733 du 16 juin 1959 modifié relatif au soutien financier de l'Etat à l'industrie cinématographique ;

Vu le décret n° 59-1512 du 30 décembre 1959 modifié pris pour l'application du décret du 16 juin 1959 relatif au soutien financier de l'Etat à l'industrie cinématographique ;

Vu le décret n° 67-356 du 21 avril 1967 modifié portant application des dispositions du décret du 16 juin 1959 relatives au soutien financier de l'Etat à la création et à la modernisation des théâtres cinématographiques,

Arrête :

Art. 1er. — Est porté sur la liste prévue par l'article 11 et l'article 12 de la loi n° 75-1278 du 30 décembre 1975, en tant que film d'incitation à la violence, le film suivant :

Massacre à la tronçonneuse (film américain). — N° de visa : 46788.

Art. 2. — Le directeur général du centre national de la cinématographie est chargé de l'exécution du présent arrêté, qui sera publié au *Journal officiel* de la République française.

Fait à Paris, le 29 décembre 1976.

FRANÇOISE GIROUD.

Bibliographie (sélective)

Francis Bacon, Entretiens, Éditions Carré, Collection Arts et Esthétiques, Paris, 1996 • **Jean Baudrillard, Amériques,** Le Livre de poche, Biblio Essais • **Jean Baudrillard, Les Stratégies fatales**, Le Livre de poche, Biblio, Essais • **Jean Baudrillard, Le Paroxyste indifférent. Entretiens avec Philippe Petit.** Le Livre de poche, Biblio, Éssais. Éditions Grasset, 1997 • **Patrick Baudry, Du corps** in **Arts de chair, La Lettre volée**, Collection Essais • **Noel Carroll, The Philosophy of Horror**, Routledge, Londres • **Noëlle Chatelet, Le Corps à corps culinaire**, Seuil, 1977 • **Jacques Darriulat, Métaphores du regard, essai sur la formation des images en Europe depuis Giotto**. Éditions de la Lagune, 1993 • **Aude d'Achon, Jérôme Bosch, par-delà l'envers et l'endroit**, Éditions de la Différence, Collection Essais, 1984 • **Gilles Deleuze, Logique du sens**. Les Éditions de minuit, Collection Critique, Paris, 1969 • **Deleuze, Francis Bacon, Logique de la sensation, La Vue le texte,** Éditions de la différence • **Jean Douchet, Alfred Hitchcock,** Petite bibliothèque des Cahiers du Cinéma • **Ellen Farley et William K. Knoedelseder, Jr "The Real Texas Chainsaw Massacre"** in *Cinefantastique,* October 1986 (Vol. 16, n° 4 & 5). Première version parue en septembre 1982 dans le *Los Angeles Time* sous le même titre • **M. Eliade, Aspects du mythe, Folio,** Collection Essais • **M. Eliade, Le Sacré et le profane,** Folio, Collection Essais • **M. Eliade, La Nostalgie des origines,** Folio, Collection Essais • **Murielle Gagnebin, Fascination de la laideur. L'en-deçà psychanalytique du laid,** Éditions Champ Vallon, L'Or d'Atalante, nouvelle édition, 1994 • **Jean-Paul Hameury, Edward Hopper,** Éditions Folle Avoine, 1997 • **Thierry Jousse, John Cassavetes**, Cahiers du Cinéma, Collection Auteurs, 1989 • **A. Kaspi, L'Année 1968,** Éditions Complexes • **A. Kaspi : Les Américains, tome 2. Les États-Unis de 1945 à nos jours,** Collection Points, Histoire, Éditions du Seuil • **Julia Kristeva, Pouvoirs de l'horreur,** Éditions du Seuil, 1980, Collection Points, Essais • **Martin Lefebvre, Psycho, de la figure au musée imaginaire. Théorie et pratique de l'acte de spectature.** L'Harmattan, Champs visuels, Montréal, 1997 • **Jean-Louis Leutrat, John Ford, La Prisonnière du désert, une tapisserie Navajo,** Collection Un sur Un, Éditions Adam Biro, Paris, 1990 • **Élise Marienstras, Les Mythes fondateurs de la nation américaine, essai sur le discours idéologique aux États-Unis à l'époque de l'Indépendance (1763-1800),** Éditions Complexe, 1982 • **Maurice Merleau-Ponty, L'Œil et l'esprit,** Folio, Collection Essais • **Annette Michelson, Situation américaine : les années 60-70** in **Peinture, cinéma, peinture.** Hazan, 1989 • **Dominique Noguez, Éloge du cinéma expérimental,** Éditions Paris Expérimental 1999 • **Michel Ribon, Esthétique de la catastrophe,** Éditions Kimé, Paris 1999 • **Jean-Louis Schefer, L'Homme ordinaire de cinéma**, Cahiers du Cinéma/Gallimard 1980 • **Christopher Sharrett, The Idea of Apocalypse in The Texas Chainsaw Massacre in Planks of Reason, essays on the horror film,** sous la direction de Barry Keith Grant, The Scarecrow Press, 1984 • **Richard Slotkin, The Fatal Environnment, The Myth of the Frontier in the Âge of Industrialization,**

1800-1890. The University of Oklahoma Press, 1985, réédition 1994 • **Olivier Smolders, Eraserhead,** Éditions Yellow Now, 1997 • **Charles Tesson, Luis Buñuel,** Les Cahiers du Cinéma, Collection Auteurs, 1995 • **Joel-Peter Witkin, photographe.** Préface de Joel-Peter Witkin, Photo Poche, Centre National de la Photographie, 1991 • **Collectif, Les Américains et la guerre du Vietnam,** Éditions Complexe • **Mikitta Brottman, Once Upon a Time in Texas: The Texas Chainsaw Massacre as Inverted Fairy Tale** in **Necronomicon,** book one, Creation Books International, 1996 • Cahiers du Cinéma, n° 464, février 93. **L'Enigme Buñuel,** p. 26-49 (Jean Douchet, Thierry Jousse, Charles Tesson) • **Collectif, The Apocalyptic Vision in America**, sous la direction de Lois Parkinson Zamora, Bowling Green University Popular Press, 1982.

L'auteur

Co-auteur de l'ouvrage *Mythes et masques : les fantômes de John Carpenter* (Dreamland, 1998), Jean-Baptiste Thoret est co-rédacteur en chef de la revue *Simulacres*. Il a notamment publié dans *Trafic, La Voix du regard, Otrante,* a collaboré à l'ouvrage *Jeune, pure et dure : une histoire d'avant-garde français des années 20 à nos jours* (Cinémathèque Française, à paraître) et termine actuellement une thèse de doctorat consacrée aux films de David Cronenberg. Il écrit dans *Starfix* et collabore régulièrement à l'émission *Mauvais Genres* sur France Culture.

Contact : jbthoret@club-internet.fr

Filmographie de Tobe Hooper

1995 : **The Mangler**, inédit en salles mais sorti en vidéo, et scénario.
1993 : **John Carpenter Presents Body Bags**, sketch **Eye**.
1989 : **Spontaneous Combustion** (inédit), et scénario.
1986 : **Invaders from Mars *(L'Invasion vient de Mars)***.
1986 : **The Texas Chainsaw Massacre 2 *(Massacre à la tronçonneuse n° 2)***, et musique.
1985 : **Lifeforce** (id.).
1982 : **Poltergeist** (id.).
1981 : **The Funhouse *(Massacre dans un train fantôme)***.
1979 : **Salem's Lot: The Movie *(Les Sorcières de Salem).***
1976 : **Eaten Alive *(Le Crocodile de la mort)***, et musique.
1974 : **The Texas Chainsaw Massacre *(Massacre à la tronçonneuse)*** et scénario, production et musique.
1969 : **Eggshells**, inédit.
1963 : **The Heisters**, documentaire inédit.

Remerciements

Pierre Chaintreuil (CNC), Jean-François Thery (Conseil d'État) et René Chateau. Thierry Steff, Xavier Pezet, Jean-Claude Gaulay et Luc Lagier pour leur patience. Stéphane Bou pour ses conseils.

Que soient vivement remerciés Christopher Sharrett et Mikitta Brottman, auteurs de deux textes passionnants consacrés à *The Texas Chainsaw Massacre* et auxquels ce livre doit beaucoup*: The Idea of Apocalypse in The Texas Chainsaw Massacre* paru dans *Planks of Reason* chez Scarecrow Press en 1984 et *Once Upon a Time in Texas* paru dans le premier numéro de *Necronomicon* en 1996.

Pour d'autres raisons enfin, mais les plus importantes, Sophie et Vladimir.

Achevé d'imprimer en France chez Darantière
Numéro d'éditeur 200043, Dépôt légal mars 2000
N° d'impression : 20-0288
Dreamland *éditeur*, 60 rue Blanche, 75009 Paris-France
Tel : 33 (0) 1 53 20 46 66 • Fax : 33 (0) 1 53 20 46 67
e-mail : dreamlan@awn. com

Diffusion & Distribution : Vilo.

Autres titres parus chez Dreamland

Collection Image par Image Pocket :
Les Pionniers du Dessin Animé Américain, par Charles Solomon.
Les Âmes Dessinées : Du Cartoon aux Mangas,par Luca Raffaelli.
Willis O'Brien : Maître des Effets Spéciaux, par Steve Archer.
Tex Avery : À Faire Hurler les Loups, par Alain Duchêne
Norman McLaren : Précurseur des Nouvelles Images, par Alfio Bastiancich.
Félix le Chat : La Folle Histoire du Chat le plus Célèbre au Monde, par John Canemaker.
Émile Reynaud et l'image s'anima, par Dominique Auzel.
Bon Anniversaire Mickey, par Thierry Steff
La Technique du dessin animé, par Borivoj Dovnicovic.
André Martin, écrits sur l'animation, sous la direction de Bernard Clarens

Collection Image par Image :
*Félix le Chat, par John Canemaker.**
Chuck Jones, par Charles M. Jones.
Ces dessins qui bougent, par René Laloux.
*Paul Grimault, par Jean-Pierre Pagliano.**
*Popeye le Marin, par Fred Grandinetti.**
Cartoons and The Movies, par Jayne Pilling.
John McGrew, par Edgar Decherzé.
Le Livre des trucages au cinéma, par Daniel Boullay.
Walt Disney, Un Américain original, par Bob Thomas.

Dans la Série : Le Livre du Film
L'Étrange Noël de Monsieur Jack, par Frank Thomson.
Le Bossu de Notre-Dame, parStephen Rebello.
*Space Jam, par Charles Carney et Gina Misiroglu.**
*Space Jam, les secrets du film, par Charles Carney et Allen Helbig.**
*Mars Attacks !, par Karen R. Jones.**
*Batman & Robin, par Michael Singer.**
Mulan, le livre du film, par Jeff Kurtti
Tarzan, par Howard E. Glenn
1001 pattes par Jeff Kurtti
Princesse Mononoké par Hayao Miyazaki.

Hors Collection :
Les Méchants chez Walt Disney, par Ollie Johnston et Frank Thomas.
Les Inconnus de Disney, par Charles Solomon.
*Les 50 Meilleurs Cartoons Américains, par Jerry Beck.**
De Blanche-Neige à Hercule : 28 longs métrages d'animation des Studios Disney, par Christian Renaut.
Warner Bros. : secrets et tradition de l'animation, par Jerry Beck et Will Friedwald.
Les Héroïnes Disney, par Christian Renaut (à paraître septembre 2000).
Batman le livre de la série TV, par Paul Dini & Chip Kidd.

Cinéma :
*Voiles et Toiles, Cinéma, mer & bateaux par Dominique Auzel.**
Mythes et Masques : Les Fantômes de John Carpenter, par Luc Lagier et Jean-Baptiste Thoret.
Action ! Cascades et cascadeurs à l'écran par Vincent Perrot.
La Musique des films d'Alfred Hitchcock par Jean-Pierre Eugène.
Un cinéaste des années 50 : Jean-Paul Le Chanois par Philippe Renard.

Coffret Vidéo & livre
(En association avec Les Films du paradoxe)
Félix le Chat
Norman McLaren

Ciné Légendes
n°1 : Titanic, autant en emporte l'océan, par Dominique Auzel
n°2 : Les James Bond Girls par Philippe Durant

Ciné films : Un film en question

(4 titres par an)
N° 1 Visions fantastiques : Mission impossible de Brian De Palma par Luc Lagier.
N° 2 Une Expérience américaine du chaos, Massacre à la tronçonneuse de Tobe Hooper par Jean-Baptiste Thoret.
N° 3 Le Purgatoire des sens, Lost Highway de David Lynch par Guy Astic. (avril 2000).
N° 4 Les Bêtes humaines : Batman le défi de Tim Burton par Stéphane du Mernildot (mai 2000)

** Livres non disponibles en librairies, peuvent être commandés par correpondance (frais de port en sus) chez Dreamland ou retirés à La Boutique 60 rue Blanche, 75009 Paris.*